Arno Bliedner
Schiller
Eine pädagogische Studie

Bliedner, Arno: Schiller. Eine pädagogische Studie
Hamburg, SEVERUS Verlag 2010.

ISBN: 978-3-942382-73-1

Druck: SEVERUS Verlag, Hamburg, 2010
Lektorat: Verena Behr

Bibliografische Information der Deutschen Nationalbibliothek:
Die Deutsche Nationalbibliothek verzeichnet diese Publikation in der
Deutschen Nationalbibliografie; detaillierte bibliografische Daten sind im
Internet über http://dnb.d-nb.de abrufbar.

Die digitale Ausgabe (eBook-Ausgabe) dieses Titels trägt die
ISBN 978-3-942382-74-8 und kann über den Handel oder den Verlag
bezogen werden.

© **SEVERUS Verlag**
http://www.severus-verlag.de, Hamburg 2010
Printed in Germany
Alle Rechte vorbehalten.

Der SEVERUS Verlag übernimmt keine juristische Verantwortung oder
irgendeine Haftung für evtl. fehlerhafte Angaben und deren Folgen.

Wenn wir in die Geschichte der Pädagogik nur solche Persönlichkeiten einreihen wollten, die epochemachende Schriften über Zweck und Mittel der Erziehung veröffentlicht oder durch hervorragende erzieherische Tätigkeit bestimmend auf Mit- und Nachwelt eingewirkt haben, so würde sich für Schiller kaum ein Plätzchen erübrigen lassen. Wir besitzen von ihm nur eine Schrift, die man als eigentlich pädagogische bezeichnen könnte, die »Briefe über die ästhetische Erziehung des Menschen«. Obwohl aus ihr der Lehrer und nicht zum mindesten der Schüler, wenn er dazu reif ist, unendlich viel lernen kann, so würde doch diese Schrift allein uns nicht berechtigen, ihrem Verfasser eine ähnliche Bedeutung für die Geschichte der Erziehung zuzuschreiben als einem Comenius, Pestalozzi oder Herbart. Betrachten wir aber die Geschichte der Pädagogik als einen Zweig der Kulturgeschichte, so ist es unmöglich, an Schiller vorüberzugehen. Wie die Weltgeschichte nach dem gewaltigen Preußenkönige einen Teil des vorigen Jahrhunderts als das Zeitalter Friedrichs d. Gr. bezeichnet, so spricht die Kulturgeschichte, sofern sie die Geschichte der schönen Wissenschaften behandelt, von einem Zeitalter Schillers und Goethes und nennt es die zweite klassische Periode unserer Literatur. Aber damit ist die Bedeutung Schillers noch keineswegs erschöpft. Jene Periode gehört zwar der Vergangenheit an, aber diese Vergangenheit liegt der Gegenwart noch so nahe, daß sie durch tausend Fäden mit ihr verknüpft ist. Es ist sicher, daß das, was wir etwa als Bildungsgehalt der Jetztzeit bezeichnen könnten, zu einem nicht geringen Teile in jener großartigen Zeit wurzelt, die, kaum mehr als ein Menschenalter umfassend, mit dem Erscheinen des Goetheschen Götz anhebt und mit Schillers Tod endet.

Im folgenden wird weder eine Biographie Schillers, noch eine vollständige Aufzählung seiner Werke beabsichtigt. Wir suchen vielmehr die Frage zu beantworten: Was ist Schiller der deutschen Pädagogik? und untersuchen daher 1. seine literarische Tätigkeit, soweit sie für die Schule in Betracht kommt; 2. die Gründe, weshalb seine Geisteswerke pädagogische Stoffe vorzüglicher Art sind; 3. die Gründe, weshalb auch sein Leben eingehende Berücksichtigung verdient; 4. die Art der Verwertung Schillers in den einzelnen Schulgattungen.

I.

Die erste kühne Tat des jugendlichen Dichters, mit der er nicht nur seinen Ruhm mit einem Schlage begründete, sondern auch der Dichtkunst, insbesondere der dramatischen, neue Bahnen wies, war die Abfassung der »Räuber«, die merkwürdigerweise in demselben Jahre (1781) erschienen, wie *Kants* Kritik der reinen

Vernunft und *Pestalozzis* Lienhard und Gertrud. Das Aufsehen, das die Räuber allenthalben erregten, kann man sich gar nicht groß genug vorstellen. Das Gefühl, daß der Verfasser ein Genie ersten Ranges sein müsse, war allgemein. »Haben wir je einen deutschen *Shakespeare* zu erwarten, so ist es der Verfasser der Räuber.« Der Dichter hatte ausgesprochen, was Millionen dachten, und das in einer Sprache, die den meisten ganz neu und ungewohnt, aber trotzdem verständlich war und eine Glut der Begeisterung atmete, die auch Widerwillige fortriß. Durch die Räuber hatte das deutsche Theater ein Stück gewonnen, durch das es sich endgültig vom französischen Zopfe losmachte, und die Anbahnung der später so folgenreichen engen Verbindung zwischen Dichtung und Schaubühne war vollzogen. Selbst wenn Schiller nichts anders als die Räuber gedichtet hätte, würde doch sein Name unlöslich mit der literarischen Bewegung des vorigen Jahrhunderts verknüpft sein. »Fiesko« und »Kabale und Liebe«, des Dichters nächstfolgende größere Erzeugnisse, das erstere eine merkwürdige politische Intrige in dem stolzesten der italienischen Gemeinwesen behandelnd, das letztere »die Tragik des deutschen Bürgertum*« zeichnend, atmen im wesentlichen noch denselben Charakter des »Sturmes und Dranges«, wie die Räuber. Aber einen gewaltigen Fortschritt läßt der Dichter in »Don Carlos«

erkennen. Denn hier zeigt sich bereits deutlich das Bestreben, mit der bloßen Verneinung zu brechen und an Stelle des Niedergerissenen einen Neubau zu setzen. Durch Marquis Posa, auf den er während der Bearbeitung nach und nach sein Hauptinteresse übertrug, macht er uns bekannt mit seinen hochliegenden Ideen von Gedankenfreiheit und Völkerbeglückung und mit seinem Ideal von der besten Staatsverfassung. Außerdem setzt er in dem Stücke der sich selbst aufopfernden Freundschaft ein rührendes Denkmal.

Nun nehmen einige Jahre Geschichte und Philosophie den Dichter fast ganz in Anspruch. Schillers historische Schriften, besonders »Der dreißigjährige Krieg«, fanden ungemeinen Beifall. Er verdankte ihn der großen Kunst der Darstellung, die um so tiefer wirkte, als die deutschen Geschichtsschreiber jener Zeit in der Geschicklichkeit, reizvoll und interessant zu schildern, denen der Franzosen und Engländer meist nachstanden. Dazu kam der in Schillers historischen Schriften niedergelegte Reichtum an Ideen, und zwar an solchen, für die sich ohnehin alle warmen Naturen begeisterten: Auflehnung gegen jede Knechtung des Geistes durch weltliche oder geistliche Tyrannei, Begeisterung für jeden einer vernünftigen Freiheit dienenden Fortschritt, Betonung des rein Menschlichen gegenüber ungerechtfertigten Ansprüchen der

Geburt, des Standes, der Konfession und des Staates.

Über Schillers philosophische Schriften berichten wir etwas ausführlicher, und zwar deshalb, weil für ein tieferes Eindringen in Schiller, wie wir es von dem Gymnasium verlangen (s. u.), die Vertrautheit wenigstens mit den Hauptpunkten dieser Schriften von größtem Vorteile ist. Bekanntlich schließt sich Schiller an *Kant* an. Doch läßt sich voraussetzen, daß eine so geniale und frühzeitig dem Hohen zugewandte Natur wie Schiller nicht erst bis zum 32. Jahre (seit 1791 datiert seine nähere Bekanntschaft mit dem Königsberger Weisen) mit dem Philosophieren gewartet haben werde. Zu philosophieren fängt er schon an in einer seiner frühsten uns erhaltenen Schriften, der »Rede zur Feier des Geburtsfestes der Gräfin von Hohenheim«, worin er sich an die schottischen Moralphilosophen anlehnt. Philosophische Probleme werden ferner berührt in der »Philosophie der Physiologie« und in dem »Versuch über den Zusammenhang der tierischen Natur des Menschen mit seiner geistigen«. Die äußere Anregung zu einer so frühzeitigen Beschäftigung mit der Weltweisheit verdankte Schiller der Karlsschule, in deren Lehrplan dem Studium der Philosophie ein hervorragender Platz angewiesen war, insbesondere seinem trefflichen Lehrer Abel. Noch weit energischer philosophiert der Dichter in seiner

»Theosophie des Julius« mit dem merkwürdigen Schlusse: »Vier Elemente sind es, woraus alle Geister schöpfen: Ihr Ich, die Natur, Gott und die Zukunft. Alle mischen sie millionenfach anders, geben sie millionenfach anders wieder; aber eine Wahrheit ist es, die, gleich einer festen Achse, gemeinschaftlich durch alle Religionen und Systeme geht: Nähert euch dem Gott, den ihr meinet.« Daß er ferner schon vor 1791 sich an einzelne Kantische Ideen anschloß, beweisen die Abhandlungen »Die Sendung Moses« und besonders »Etwas über die erste Menschengesellschaft nach dem Leitfaden der mosaischen Urkunde« (vgl. *Kants* Aufsatz: »Mutmaßlicher Anfang der Menschengeschichte nach philosophischen Begriffen«). Dichterisch hatte er den Hauptgegenstand der wichtigsten unter seinen späteren philosophischen Schriften, der »ästhetischen Erziehung des Menschen«, bereits in den »Künstlern« behandelt. Die Verse dieses Gedichtes »Nur durch das Morgentor des Schönen dringst du in der Erkenntnis Land« und »Was wir als Schönheit hier empfunden, wird einst als "Wahrheit uns entgegengehn«, könnte man der genannten philosophischen Schrift als Motto vorsetzen. Aber alles das war doch nur Vorbereitung. Erst mit dem Winter von 1790/1791 begann das eindringende Studium Kants, und damit war eine Verbindung von Philosoph und Dichter eingeleitet, wie sie bis dahin noch nie bestanden hatte, und auf deren Rechnung mehrere der großartigsten späteren Dichtungen Schillers wenigstens mit zu setzen sind. Es ist begreiflich, daß der Musensohn sich vor allem an diejenigen Untersuchungen des Philosophen hielt, die sozusagen in sein eigenes Fach schlugen, an die ästhetischen. »Kants Kritik der Urteilskraft,« sagte er in einem Briefe an Körner vom 3. März 1791, »reißt mich hin durch ihren neuen, lichtvollen, geistreichen Inhalt und hat mir das größte Verlangen beigebracht, mich nach und nach in seine Philosophie hineinzuarbeiten.« Aber dieses Hineinarbeiten war kein Darinaufgehen. Wohl kam dem Kantischen »Rigorismus« seine eigene kraftvoll sittliche Persönlichkeit willig entgegen; aber die äußersten Folgerungen zu ziehen, daran hinderte ihn sein künstlerisches Empfinden, auf das die kurz vor seinen philosophischen Studien aufs eifrigste betriebene Beschäftigung mit der antiken Dichtkunst einen tiefgreifenden und bleibenden Einfluß gehabt hatte. »Wohl hält Schiller in der einen Hand den Kant, als er auftritt, von Anmut und Würde zu reden, aber in der anderen trägt er den Homer.« *(Brahm, II. Band, S. 274.)*

In der Abhandlung: »Über den Grund des Vergnügens an tragischen Gegenständen« (1792 erschienen), geht Schiller davon aus, daß der Zweck der schönen Künste sei, Vergnügen auszuspenden und Glückliche zu machen. Aber die sinnliche Lust ist dabei ausgeschlossen. Um ihren Zweck vollkommen zu erreichen, muß die schöne Kunst durch die Moralität ihren Weg nehmen. Bei der tragischen Kunst beruht die Hauptwirkung auf dem Rührenden, das sie hervorbringt, Rührung enthält aber zwei entgegengesetzte Bestandteile, Schmerz und Vergnügen, der Zweckmäßigkeit liegt eine Zweckwidrigkeit zugrunde. Das Gebiet der Tragödie umfaßt alle möglichen Fälle, in denen irgend eine Naturzweckmäßigkeit einer moralischen, oder auch eine moralische Zweckmäßigkeit der andern, die höher ist, aufgeopfert wird; daher ist auch das Leiden eines Verbrechers nicht weniger tragisch als das Leiden des Tugendhaften, wenn uns nämlich die Reue und Verzweiflung eines Verbrechers die Macht des Sittengesetzes zeigt. Eine zweckmäßige Bosheit kann nur dann Gegenstand eines vollkommenen Wohlgefallens werden, wenn sie vor der moralischen Zweckmäßigkeit zu schänden wird. Der andere Aufsatz vom Jahre 1792: »Über die tragische Kunst«, geht von der allgemeinen Erscheinung in unserer Natur aus, daß uns das Traurige, das Schreckliche, das Schauderhafte selbst mit unwiderstehlichem Zauber an sich lockt, daß wir uns von Auftritten des Jammers, des Entsetzens mit gleichen Kräften weggestoßen und wieder angezogen fühlen. Aber diese Zustände des Gemütes geben nur die Bedingungen ab, unter welchen allein gewisse Arten des Vergnügens für uns möglich sind. Um das Vergnügen des Mitleids zu genießen, ist mehr erforderlich: der moralische Sinn muß über dem Glückseligkeitstrieb bei einem Menschen die Obergewalt behaupten. Geschwächt wird unser Mitleid, wenn die Unlust über die Ursache eines Unglücks zu stark wird, oder wenn der Urheber eines Unglücks, dessen schuldlose Opfer wir bemitleiden sollen, unsere Seele mit Abscheu erfüllt, überhaupt durch Einmischung widriger Vorstellungen und Gefühle. Befördert dagegen wird das Mitleid, wenn die Vorstellungen des Leidens die gehörige Lebhaftigkeit, Wahrheit, Vollständigkeit und Dauer erhalten. Hiernach ergibt sich als Definition der Tragödie, daß sie die dichterische Nachahmung einer zusammenhängenden Reihe von Begebenheiten (einer vollständigen Handlung) ist, welche uns Menschen in einem Zustande des Leidens zeigt und zur Absicht hat, unser Mitleid zu erregen.

Der Aufsatz: »Über Anmut und Würde« (erschienen 1793), knüpft an den griechischen Mythos (Ilias XIV, 214-223) an, wonach Aphrodite der Here den Zaubergürtel leiht, damit sie durch ihn den Sieg über Jupiters Herz erringe. Aus diesem Mythos wird der Gedanke gewonnen: Anmut ist eine Schönheit, die nicht von der Natur gegeben, sondern von dem Subjekte selbst hervorgebracht wird. Die Anmut bringt also zu der von der bloßen Natur gebildeten, der architektonischen Schönheit noch etwas hinzu. Und zwar ist es die Person des Menschen, die dieses Plus hinzutut. Anmut ist die Schönheit der Gestalt unter dem Einfluß der Freiheit, die Schönheit derjenigen Erscheinungen, die die Person bestimmt. Darum ist die Anmut ein persönliches Verdienst. Ein weiteres Merkmal der Anmut ist die Bewegung; denn eine Veränderung im Gemüt kann sich nur als Bewegung in der Sinnenwelt offenbaren. Doch können auch feste und ruhende Züge Anmut zeigen. Sie waren ursprünglich auch Bewegungen, die aber habituell geworden sind und bleibende Spuren hinterlassen haben. Anmut muß ferner unwillkürlich sein, wenigstens so scheinen. Die bloß nachgemachte oder erlernte, ist wertlos. Da aber der Mensch als Person unter allen Wesen das Vorrecht hat, in den Ring der Notwendigkeit durch seinen Willen zu greifen, so sind wir berechtigt, in seiner Gestalt einen Ausdruck der moralischen Person zu erwarten. Die Vernunft fordert einen Ausdruck der Sittlichkeit, während das Auge unnachsichtlich Schönheit fordert. Weder die über die Sinnlichkeit herrschende Vernunft, noch die über die Vernunft herrschende Sinnlichkeit vertragen sich mit Schönheit des Ausdruckes, sondern nur derjenige Zustand des Gemüts, wo Vernunft und Sinnlichkeit zusammenstimmen. Letzteres ist der Fall bei der »schönen

Seele«. In ihr harmonieren Sinnlichkeit und Vernunft, Pflicht und Neigung, und Grazie ist ihr Ausdruck in der Erscheinung. Würde dagegen ist der Ausdruck einer erhabenen Gesinnung. Während Anmut in der Freiheit der willkürlichen Bewegung liegt, so liegt Würde in der Beherrschung der unwillkürlichen. Während der Mensch alles mit Anmut tun muß, was er innerhalb seiner Menschheit verrichten kann, so hat er alles mit Würde zu tun, was zu verrichten über seine Menschheit hinausgehen muß. Im Affekt muß sich die schöne Seele in eine erhabene verwandeln. Der höchste Grad der Anmut ist das Bezaubernde, der höchste Grad der Würde die Majestät. Wie es eine falsche Anmut gibt, so gibt es auch eine falsche Würde, nämlich steife Feierlichkeit und Gravität.

In der Schrift »Über die notwendigen Grenzen beim Gebrauch schöner Formen« (einer Schrift, die zwar erst 1795 erschien, aber der Hauptsache nach schon 1793 in Schwaben entstanden ist) wird zunächst von dem Verhältnis des Geschmackes zur Erkenntnis gesprochen. Wo Erkenntnis der Zweck ist. da kann uns die Schönheit direkt und unmittelbar keine Dienste leisten, wohl aber mittelbar dadurch, daß sie das Gemüt in eine der Erkenntnis günstige Stimmung zu versetzen vermag. Doch selbst hierbei sind Einschränkungen zu machen. Bei der wissenschaftlichen Erkenntnis, die auf deutlichen

Begriffen und erkannten Prinzipien beruht, muß die Einbildungskraft ihren willkürlichen Charakter verleugnen und sich dem Bedürfnis des Verstandes unterordnen. Doch wird da auch auf den ernstlichen Entschluß des Hörers oder Lesers gerechnet, um der Sache willen auf die Schwierigkeiten nicht zu achten, die von der Form unzertrennlich sind. Beim populären Unterricht wird die Einbildungskraft weit mehr ins Spiel gemischt. Aber um schön zu sein, muß die Darstellung Sinnlichkeit im Ausdruck und Freiheit in der Bewegung besitzen. Der wissenschaftliche und populäre Ausdruck geben uns den Baum mitsamt der Wurzel, aber freilich müssen wir uns gedulden, bis er blüht und Früchte trägt; der schöne Ausdruck bricht uns bloß die Blüten und Früchte davon ab, aber der Baum, der sie trug, wird nicht unser. Der schöne Ausdruck paßt ebensowenig für den Lehrstuhl, als der schulgerechte für den schönen Umgang und für die Rednerbühne taugt. Für den Unterricht der Jugend ist es schädlich, wenn Schriften dazu gewählt werden, worin wissenschaftliche Materien in schöne Form eingekleidet sind. Denn dann wird der Verstand immer nur in seiner Zusammenstimmung mit der Form geübt und lernt nie die Form von dem Stoffe scheiden und als ein reines Vermögen handeln. Und doch ist die bloße Übung des Verstandes ein Hauptmoment bei dem Jugendunterricht, und an dem

Denken selbst liegt in den meisten Fällen mehr als an dem Gedanken. Früh schon muß der Studierende nach der edleren Lust streben, welche der Preis der Anstrengung ist. Der Gründlichkeit der Erkenntnis ist es nachteilig, wenn bei dem eigentlichen Lernen den Forderungen des Geschmackes Raum gegeben wird. Gleichwohl soll der Studierende veranlaßt werden, schulmäßig erworbene Kenntnisse auf dem Wege der lebendigen Darstellung mitzuteilen. Erst wer das vermag, beweist nicht nur, daß er dazu gemacht ist, seine Kenntnisse zu erweitern, sondern er beweist auch, daß er sie in seiner Natur aufgenommen und in seinen Handlungen darzustellen fähig ist. Allgemein läßt sich sagen, daß dem Geschmacke, allerdings unter den gemachten Einschränkungen, bei Mitteilung der Erkenntnis nur die Form anvertraut ist, aber unter der ausdrücklichen Bedingung, daß er sich nicht an dem Inhalte vergreife. Wird diese Bedingung nicht gehalten, so hat das die schlimme Folge, daß nicht mehr nach dem gefragt wird, was die Dinge sind, sondern wie sie sich am besten den Sinnen empfehlen. Überhaupt ist es bedenklich, dem Geschmack seine völlige Ausbildung zu geben, ehe man den Verstand als reine Denkkraft geübt und den Kopf mit Begriffen bereichert hat. Einen jungen Menschen in den Zirkel der Grazien einzuführen, ehe ihn die Musen als mündig entlassen haben, muß ihm notwendig verderblich werden. Wird der Eindruck auf den Sinn zum höchsten Richter gemacht und die Dinge bloß auf die Empfindung bezogen, so tritt der Mensch niemals aus der Dienstbarkeit der Materie, so wird es niemals Licht in seinem Geist. Hier liegt auch der Probierstein, woran man den bloßen Dilettanten vom Kunstgenie unterscheiden kann. Der erstere verachtet das anstrengende Studium, und die Schwierigkeiten erkälten seinen kraftlosen Eifer; das wahre Kunstgenie behält bei dem glühenden Gefühle für das Ganze Kälte und ausdauernde Geduld für das Einzelne, und um der Vollkommenheit keinen Abbruch zu tun, opfert es lieber den Genuß der Vollendung auf. Noch weit größer als für die Erkenntnis sind die Nachteile, die aus einer übertriebenen Empfindlichkeit für das Schöne der Form hervorgehen, für den Willen. Belletristische Willkürlichkeit, auf Maximen des Willens angewendet, ist etwas Böses und muß unausbleiblich das Herz verderben. Wohl entzieht sich der Mensch von Geschmack freilich dem groben Joch des Instinktes, er versteht sich dazu, die Objekte seiner Begierde sich von dem denkenden Geiste bestimmen zu lassen. Und so lange Neigung und Pflicht in demselben Objekt des Begehrens zusammentreffen, kann die Reproduktion des Sittengefühls durch das Schönheitsgefühl keinen positiven Schaden anrichten. Wenn aber Empfindung und Vernunft ein verschiedenes Interesse haben, wenn es nötig wird, die Ansprüche des moralischen und ästhetischen Sinnes, die ein langes Einverständnis beinahe unentwirrbar vermengte, auseinander zu setzen, dann will der Geschmack, der sich durch die lange Observanz Achtung zu erschleichen gewußt hat, mit der Vernunft als sittlicher Gesetzgeberin wie Gleich mit Gleichem handeln. Unter den von dem Schönheitsgefühl abstammenden Neigungen empfiehlt sich dem moralischen Gefühl besonders der veredelte Affekt der Liebe. Allein man wage es ja nicht mit diesem Führer, wenn man nicht schon durch einen besseren gesichert ist. Denn unter Umständen vermag dieser Affekt die moralische Stimme in uns, wenn sie seinem Interesse entgegensteht, als eine Anregung der Selbstliebe verächtlich zu machen und kann uns nicht vor schändlichen Handlungen sichern, wenn nicht der Charakter durch gute Grundsätze verwahrt ist. Gerade der Mensch von verfeinertem Geschmacke ist einer sittlichen Verderbnis fähig, vor welcher der rohe Natursohn eben durch seine Roheit gesichert ist. Er will es nicht Wort haben, daß er fällt, und um sein Gewissen zu beruhigen, belügt er es lieber. Er möchte zwar gern der Begierde nachgeben, aber ohne dadurch in seiner eigenen Achtung zu sinken. Und das bringt er zustande, indem er die seiner Neigung entgegenstehende höhere Autorität vorher umstürzt. Kurz, für die Moralität des

Charakters ist es äußerst gefährlich, wenn zwischen den sittlichen und den sinnlichen Trieben, die doch nur in dem Ideale und nie in der Wirklichkeit vollkommen einig sein können, eine zu innige Gemeinschaft herrscht. Viel sicherer ist es für die Moralität des Charakters, wenn die Repräsentation des Sittengesetzes durch das Schönheitsgefühl wenigstens momentweise aufgehoben wird, wenn die Vernunft öfter unmittelbar gebietet und dem Willen seinen wahren Beherrscher zeigt.

Aber Schillers Hauptschriften philosophischer Art sind die »Briefe über die ästhetische Erziehung des Menschen« (erschienen 1795) und die Abhandlung »Über naive und sentimentale Dichtung« (erschienen 1795 und 1796). Als ein Vorläufer zur erstgenannten dieser Schriften kann nach gewissen Richtungen hin der zehn Jahre früher erschienene Aufsatz betrachtet werden: »Was kann eine gute stehende Schaubühne eigentlich wirken?« (bekannter unter dem späteren Titel: »Die Schaubühne als eine moralische Anstalt betrachtet«). Auch hier ist bereits des hohen Zieles der Kunst, dem Menschen ein veredelndes Vergnügen zu schaffen, und außerdem ihrer wohltätigen Einwirkung auf Religion, Erziehung und vaterländisches Empfinden gedacht. Nur hat sich hier der Dichter eine weit engere Aufgabe gesetzt, indem er nur von der dramatischen Dichtkunst handelt. Auch verrät der Aufsatz noch nichts vom Kantischen Einfluß, während Lessingsche Ideen deutlich hervortreten. In den ersten zehn Bogen der Schrift »Über die ästhetische Erziehung des Menschen[1] hat Schiller, wie er selbst in einem Briefe an *Körner* (vom 3. Februar 1794) sagt, den Stoff aus seinen »Künstlern« philosophisch ausgeführt. In der Einleitung erklärt er ausdrücklich, daß es »größtenteils Kantische Grundsätze sind, auf denen die nachfolgenden Behauptungen ruhen werden«. Den Ausgangspunkt für den ersten Teil (Brief 1-9) bildet eine Erörterung über die staatliche Gemeinschaft. Der Mensch kommt zu sich aus seinem sinnlichen Schlummer, erkennt sich als Mensch, blickt um sich her und findet sich in dem Staate. Die Vernunft fordert nun, den Naturstaat (wie jeder politische Körper heißen kann, der seine Einrichtung ursprünglich von Kräften, nicht von Gesetzen ableitet) in einen sittlichen umzuformen, die

---

[1] Wir legen die spätere Fassung der Briefe zu Grunde, wie sie in Schillers Werke aufgenommen worden ist. Die frühere ist neuerdings ebenfalls ans Licht gebracht worden. Von ihr sagt *Brahm* (2. Bd., S. 296 ff.): »Sie ist frischer in der Form, von unmittelbarer Beziehung auf das Leben, unphilosophischer und fragmentarischer; sie strebt der Analyse des Schönen weniger eifrig, dem Problem des neuen Titels eifriger nach, und Schillers Ausgangspunkt läßt sie deutlicher anschauen: Die Verknüpfung von philosophischen und politischen Gedanken, von Kant und der französischen Revolution, von Ästhetik und geselliger Erziehung.«

physische Notwendigkeit zu einer moralischen zu erheben. Aber da entsteht das große Bedenken, daß die physische Gesellschaft in der Zeit keinen Augenblick aufhören darf, indem die moralische in der Idee sich bildet, daß um der Würde des Menschen willen seine Existenz nicht in Gefahr geraten darf. Zur Vermeidung dieser Gefahr bedarf es einer Stütze, die die Gesellschaft von dem Naturstaate, den sie auflösen will, unabhängig macht. Diese Stütze findet sich weder in dem natürlichen Charakter des Menschen, der mehr auf Zerstörung als auf Erhaltung der Gesellschaft zielt, noch in dem sittlichen Charakter, der ja erst gebildet werden soll, sondern nur in einem dritten Charakter, der von der Herrschaft bloßer Kräfte zu der Herrschaft der Gesetze einen Übergang bahnt. Zeigt das gegenwärtige Zeitalter diesen dritten Charakter? Es zeigt ihn nicht. In den niederen und zahlreicheren Klassen stellen sich uns rohe, gesetzlose Triebe dar, die sich nach aufgelöstem Band der bürgerlichen Ordnung entfesseln und mit unlenksamer Wut zu ihrer tierischen Befriedigung eilen. Die verfeinerten Stände rühmen sich zwar nicht mit Unrecht der Aufklärung des Verstandes, aber diese Aufklärung zeigt im ganzen so wenig einen veredelnden Einfluß auf die Gesinnungen, daß sie vielmehr die Verderbnis durch Maximen befestigt. Die Kultur, weit entfernt, uns in Freiheit zu setzen, entwickelt mit jeder Kraft, die sie in uns ausbildet, nur ein neues Bedürfnis. Als Einheit betrachtet und auf der Wage des Verstandes mag das gegenwärtige Geschlecht Vorzüge vor den besten der Vorwelt behaupten. Aber ein einzelner Neuerer kann nimmermehr mit dem einzelnen Athenienser um den Preis der Menschheit streiten. Die Griechen beschämen uns nicht bloß durch eine Simplizität, die unserm Zeitalter fremd ist, sie sind zugleich unsere Nebenbuhler, ja oft unsere Muster in den nämlichen Vorgängen, mit denen wir uns über die Naturwidrigkeit unserer Sitten zu trösten pflegen. Zugleich voll Form und voll Fülle, zugleich philosophierend und bildend, zugleich zart und energisch, sehen wir sie die Jugend der Phantasie mit der Männlichkeit der Vernunft in einer herrlichen Menschheit vereinigen. In der gegenwärtigen Zeit aber ist die Totalität in unserer Natur zerstört. Von dem Staate kann ihre Wiederherstellung nicht erwartet werden; vielmehr muß sich der Charakter der Zeit von seiner tiefen Entwürdigung erst aufrichten. Nicht Aufklärung des Verstandes, sondern Ausbildung des Empfindungsvermögens ist das dringendere Bedürfnis der Zeit. Alle Verbesserung im Politischen muß von Veredelung des Charakters ausgehen, und das Werkzeug dazu ist die schöne Kunst.

In dem zweiten Teile (Brief 10-16) wird nun näher begründet, inwiefern die schöne Kunst den beiden entgegengesetzten Gebrechen des Zeitalters, nämlich der Rohigkeit einerseits und der Erschlaffung andererseits, begegnen könne. Um diesen Nachweis zu führen, werden zunächst die beiden entgegengesetzten Grundtriebe des Menschen, der sinnliche Trieb und der Formtrieb, näher untersucht. Der sinnliche Trieb geht aus von dem physischen Dasein des Menschen und ist beschäftigt, ihn in die Schranken der Zeit zu setzen und zur Materie zu machen. Der Formtrieb geht aus von dem absoluten Dasein des Menschen oder von seiner vernünftigen Natur und ist bestrebt, ihn in Freiheit zu setzen, Harmonie in die Verschiedenheit seines Erscheinens zu bringen und bei allem Wechsel seines Zustandes seine Person zu behaupten. Die ausschließliche Herrschaft sowohl des einen als des anderen Triebes ist von üblen Folgen begleitet. Sollen diese vermieden werden, so muß eine solche Wechselwirkung zwischen beiden Trieben stattfinden, wo die Wirksamkeit des einen die Wirksamkeit des ändern zugleich begründet und begrenzt, und wo jeder einzelne für sich gerade dadurch zur höchsten Verkündigung gelangt, daß der andere tätig ist. Diese Wechselwirkung erzeugt ein dritter Trieb, den Schiller den Spieltrieb nennt. Der Spieltrieb bringt Form in die Materie und Materie in die Form und versöhnt so den sinnlichen Trieb und den Formtrieb. Sein Gegenstand ist lebende Gestalt oder was man in weitester Bedeutung Schönheit nennt. Der Mensch spielt nur, wo er in voller Bedeutung des Wortes Mensch ist, und er ist nur da ganz Mensch, wo er spielt. Es gibt nun zwei Wirkungsarten der Schönheit, eine auflösende oder schmelzende und eine anspannende oder energische. Erstere hält den sinnlichen Trieb und den Formtrieb in ihren Grenzen, letztere erhält beide in ihrer Kraft. In dem Idealschönen fallen beide Wirkungsarten ineinander; denn die Schönheit in der Idee ist eine unteilbare, einzige; aber die Schönheit in der Erfahrung wird ewig eine doppelte sein. Das Idealschöne, obgleich unteilbar und einfach, zeigt in verschiedener Beziehung sowohl eine schmelzende als energische Eigenschaft, in der Erfahrung gibt es eine schmelzende und energische Schönheit. Beide Arten, der Schönheit kommen verschiedenen Bedürfnissen des Menschen entgegen. Für den Menschen unter dem Zwange entweder der Materie oder der Form ist die schmelzende Schönheit Bedürfnis; denn von Größe und Kraft ist er längst gerührt, ehe er für Harmonie und Grazie anfängt empfindlich zu sein. Für den Menschen unter der Indulgenz des Geschmackes ist die energische Schönheit Bedürfnis; denn nur allzu gerne verscherzt er im Stand der Verfeinerung eine Kraft, die er aus dem Stand der Wildheit herüberbrachte. Im weiteren Verlauf der Abhandlung sollen nun die Wirkungen der schmelzenden Schönheit an dem angespannten Menschen und die Wirkungen der energischen an dem abgespannten geprüft werden, um zuletzt beide entgegengesetzte Arten der Schönheit in der Einheit des Idealschönen auszulöschen.

In dem dritten Teile (Brief 17 – 27) wird die schmelzende Schönheit näher untersucht. Es fragt sich: Welcher Art ist der Zustand des Gemütes, in den es durch das Schöne versetzt wird? Dieser Zustand, der ästhetische, ist eine mittlere Stimmung, in welcher Sinnlichkeit und Vernunft zugleich tätig sind, und es ist eine freie Stimmung, da in ihr das Gemüt weder physisch noch moralisch genötigt und doch auf beide Arten tätig ist. Die ästhetische Stimmung des Gemüts muß auf der einen Seite als null betrachtet werden, sobald man nämlich sein Augenmerk auf einzelne und bestimmte Wirkungen richtet, daher ist sie in Rücksicht auf Erkenntnis und Gesinnung völlig indifferent und unfruchtbar. Andererseits aber ist sie ein Zustand der höchsten Realität, insofern man dabei auf die Abwesenheit aller Schranken und auf die Summe der Kräfte achtet, die in derselben gemeinschaftlich tätig sind. Daher haben auch diejenigen recht, die den ästhetischen Zustand für den fruchtbarsten in Rücksicht auf Erkenntnis und Moralität erklären. Der ästhetische Zustand ist die notwendige Bedingung, unter welcher allein wir zu einer Einsicht und zu einer Gesinnung gelangen können. Der Schritt von dem ästhetischen Zustand zu dem logischen und dem moralischen (von der Schönheit zur Wahrheit und zur Pflicht) ist unendlich leichter als der Schritt von dem physischen Zustande zu dem ästhetischen (von dem bloßen blinden Leben zur Form) war. Um den sinnlichen Menschen zur Einsicht und zu großen Gesinnungen zu führen, muß man erst seine Natur verändern, dem ästhetischen braucht man nur wichtige Anlässe zu geben. Es gibt also sowohl für den einzelnen Menschen als für die ganze Gattung dreierlei aufeinander folgende Entwickelungsstufen: den physischen, den ästhetischen und den moralischen Zustand. Diese Zustände sind jedoch nur in der Idee notwendig voneinander zu trennen, in der Erfahrung sind sie mehr oder weniger vermischt. In dem physischen (tierischen) Zustande, in dem der Mensch zwar nie ganz war, dem er aber auch nie ganz entflohen ist, hat alles für den Menschen nur eine Existenz, insofern es ihm eine Existenz verschafft. Er verhält sich zu den Gegenständen nur als Begehrender oder als Verabscheuender. Zwar regen sich auch schon auf dieser Stufe in ihm die Vernunft und das Moralgesetz, aber nur in Verfälschungen. Der Trieb des Lebens spielt über den Formtrieb noch den Meister. Weil hier der Mensch selbst noch bloß Welt ist, ist für ihn noch keine Welt. Erst in dem ästhetischen Stande sondert sich seine Persönlichkeit von der

Welt ab. Sie tritt damit in die Welt der Ideen, aber ohne darum die sinnliche Welt zu verlassen, wie bei Erkenntnis der Wahrheit geschieht. Wenn wir uns an Erkenntnissen ergötzen, so unterscheiden wir sehr genau unsere Vorstellung von unserer Empfindung, den Übergang von der Tätigkeit zum Leiden, aber in unserm Wohlgefallen an der Schönheit läßt sich keine solche Sukzession zwischen der Tätigkeit und dem Leiden unterscheiden, hier zerfließt die Reflexion vollkommen mit dem Gefühle. Es geht eine förmliche Auswechselung der Materie mit der Form und des Leidens mit der Tätigkeit vor sich. Fragt man nach den Bedingungen, unter denen sich die ästhetische Stimmung des Gemüts erzeugt, so kann sie sich weder bei den Troglodyten noch bei den Nomaden entwickeln, sondern nur da, wo die Natur günstige Verhältnisse geschaffen hat, wie bei dem griechischen Volke. Und fragt man, wodurch sich der Eintritt der ästhetischen Stimmung verkündigt, so ist die Antwort: Durch die Freude am Schein. Nur muß das kein falscher Schein sein, der die Wirklichkeit zu vertreten sich anmaßt, sondern der reine ästhetische Schein. Dieser ist weder der Wahrheit gefährlich noch der Sittlichkeit; denn er sagt sich von allem Anspruch auf Realität ausdrücklich los. Die Klage, daß über dem Schein das Wesen vernachlässigt werde, wäre unberechtigt, wenn wir es zu dem reinen Schein gebracht hätten, wenn wir das Schöne der lebendigen Natur genießen könnten, ohne es zu begehren, und das Schöne der nachahmenden Kunst zu bewundern vermöchten, ohne nach einem Zwecke zu fragen. Aber um diesem reinen, selbständigen Schein nachzustreben, bedarf es einer totalen Revolution in der ganzen Empfindungsweise des Menschen. Zwar zeigt sich schon im Reiche des Vernunftlosen, in der Tierwelt und in der unbeseelten Natur eine Spur der Freiheit vom Zwange des Bedürfnisses, ein Vorspiel des Unbegrenzten, aber das ist nur erst ein physisches Spiel. Auch bei dem Menschen ist der tierische Kreis aufgetan, sobald er überhaupt nur anfängt, dem Stoffe die Gestalt vorzuziehen. Doch sind diese ersten Anfänge nur Phantasiespiele, Spiele der freien Ideenfolge, die bloß zum animalischen Leben des Menschen gehören. In seinen ersten Versuchen ist der Spieltrieb noch kaum zu erkennen, da der sinnliche unaufhörlich dazwischen tritt. Daher liebt der rohe Geschmack das Bunte, Abenteuerliche, grelle Kontraste u. s. w. Schön heißt ihm, was ihn aufregt. Aber bald ist der Geschmack damit nicht mehr zufrieden. Der Mensch fängt an, sich zu schmücken. Das Schöne wird nun für sich allein ein Objekt des Strebens. Der gesetzlose Sprung der Freude wird zum Tanz, eine schönere Notwendigkeit kettet die Geschlechter zusammen, die Begierde erhebt sich zur Liebe, und in der moralischen Welt strebt die Schönheit dahin, das Sanfte und Heftige zu versöhnen. Und so wird auch aus dem tyrannischen Staate, der die Natur durch Natur bezähmte, und dem ethischen, der den einzelnen Willen dem allgemeinen unterwirft, der ästhetische Staat, der den Willen des Ganzen durch die Natur des Individuums vollzieht. Nur die Schönheit kann der Menschheit einen geselligen Charakter erteilen. Die sinnlichen Freuden können wir nicht zu allgemeinen erweitern, weil wir unser Individuum nicht allgemein machen können, die Vernunftfreuden können wir nicht allgemein machen, weil wir die Spuren des Individuums aus dem Urteile anderer nicht so wie aus dem unserigen ausschließen können, nur das Schöne genießen wir als Individuum und als Gattung zugleich, d. h. als Repräsentanten der Gattung. Das sinnlich Gute kann nur einen Glücklichen machen, das absolut Gute kann nur unter Bedingungen glücklich machen, die allgemein nicht vorauszusetzen sind, nur die Schönheit beglückt alle Welt, und jedes Wesen vergißt seine Schranken, so lange es ihren Zauber erfährt. Dem Bedürfnis nach existiert ein solcher Staat des schönen Scheines in jeder feingestimmten Seele, der Tat nach möchte man ihn wohl nur in einigen wenigen auserlesenen Zirkeln finden, wo eigene schöne Natur das Betragen lenkt, wo der Mensch durch die verwickeltsten Verhältnisse mit kühner Einfalt und ruhiger Unschuld geht und weder nötig hat, fremde Freiheit zu kränken, um die seinige zu behaupten, noch seine Würde wegzuwerfen, um Anmut zu zeigen.

Wir schließen hier gleich den Aufsatz »Über das Erhabene«[2] an, und zwar deshalb, weil Schiller in dieser Schrift selbst sagt, es müsse, um die ästhetische Erziehung zu einem vollständigen Ganzen zu machen, das Erhabene zu dem Schönen hinzukommen. Mit Kant faßt Schiller das Gefühl des Erhabenen als ein gemischtes Gefühl, als eine Zusammensetzung von Wehsein, das sich in seinem höchsten Grade als ein Schauer äußert, und von Frohsein, das bis zum Entzücken steigen kann und, ob es gleich nicht eigentlich Lust ist, von feinen Seelen doch aller Lust weit vorgezogen wird. Der Reiz, den das Erhabene ausübt, ist vornehmlich in dem Gefühle der Freiheit begründet, in das es uns versetzt. Zwar fühlen wir uns auch frei bei der Schönheit, aber hier geschieht es, weil die sinnlichen Triebe mit dem Gesetz der Vernunft harmonieren; beim Erhabenen dagegen fühlen wir uns frei, weil die sinnlichen Triebe auf die Gesetzgebung der Vernunft keinen Einfluß haben. Beim Erhabenen stimmen Vernunft und Sinnlichkeit nicht

---

[2] Der Aufsatz wurde zwar schon 1793 verfaßt, entstammt jedoch in der Gestalt, in der er in die *Körner*sche Ausgabe von Schillers Werken aufgenommen worden ist, einer späteren Zeit.

zusammen, und eben in diesem Widerspruch zwischen den beiden liegt der Zauber, womit es unser Gemüt ergreift. Das Erhabene verschafft uns einen Ausgang aus der sinnlichen Welt, worin uns das Schöne gern immer gefangen halten möchte. Das Schöne wie das Erhabene findet sich durch die ganze Natur. Die Empfindungsfähigkeit dafür liegt zwar in allen Menschen, aber der Keim dazu entwickelt, sich ungleich. Zuerst entfaltet sich unsere Empfindungsfähigkeit für die Schönheit, doch erhält der Geschmack seine höchste Ausbildung erst sehr spät. In der Zwischenzeit wird Frist gewonnen, um die Empfindungsfähigkeit für das Große und Erhabene aus der Vernunft zu entwickeln. Solange der Mensch noch im physischen Stande ist, geht er an der unfaßbaren Natur mit Gleichmut vorüber, und von der verderbenden Natur wendet er sich mit Entsetzen ab; sobald er sich aber der dämonischen Freiheit in seiner Brust bewußt wird, dann wird das relativ Große außer ihm zum Spiegel, worin er das absolut Große in sich selbst erblickt. Ein größerer Maßstab der Schätzung wird ihm von der simplen Majestät der Natur vorgehalten, und von ihren großen Gestalten umgeben, erträgt er das Kleine in seiner Denkart nicht mehr. Und wie das für die Einbildungskraft Unerreichbare, der Anblick unbegrenzter Formen, des Ozeans u. s. w., dem Gemüte einen Schwung gibt, so ist das auch der

Fall bei dem, was dem Verstand unfaßbar ist, bei der Verwirrung, sobald sie nämlich ins Große geht. Daher wir lieber bei der geistreichen Unordnung einer natürlichen Landschaft als bei der geistlosen Regelmäßigkeit eines französischen Gartens, lieber in Schottlands wilden Katarakten als in Bataviens Triften verweilen. Was dem Reisenden von Empfindung die wilde Bizarrerie in der physischen Schöpfung so anziehend macht, das eröffnet einem begeisterungsfähigen Gemüt selbst in der bedenklichen Anarchie der moralischen Welt die Quelle eines ganz eigenen Vergnügens. Wer freilich den Weltlauf nur mit der dürftigen Fackel des Verstandes beleuchtet, der kann sich in einer Welt nicht gefallen, wo mehr der tolle Zufall als ein weiser Plan zu herrschen scheint. Aber die reine Vernunft findet gerade in dem gänzlichen Mangel einer Zweckverbindung in dem Chaos von Erscheinungen, in der Ungebundenheit der Natur ihre eigene Unabhängigkeit von Naturbedingungen dargestellt. Menschen von erhabener Gemütsstimmung werden durch diese eine dargebotene Idee der Freiheit für allen Fehlschlag der Erkenntnis entschädigt. So ist auch die Weltgeschichte ein erhabenes Objekt, nur darf man sich ihr nicht mit großen Erwartungen von Licht und Erkenntnis nähern.

Alle wohlgemeinten Versuche der Philosophie, das, was die moralische Welt fordert, mit dem, was die wirkliche leistet, in Übereinstimmung zu bringen, werden durch die Aussagen der Erfahrung widerlegt. Man muß darauf verachten, die wirkliche Welt zu erklären, und vielmehr ihre Unbegreiflichkeit selbst zum Standpunkt der Beurteilung machen. Erst dann wird das Gemüt unwiderstehlich aus der Welt der Erscheinungen heraus in die Ideenwelt, aus dem Bedingten ins Unbedingte getrieben. Je öfter der Geist diesen Akt von Selbsttätigkeit erneuert, desto mehr wird ihm derselbe zur Fertigkeit, so daß, wenn aus dem eingebildeten und künstlichen Unglück ein wirkliches wird, er imstande ist, es als ein künstliches zu behandeln und das wirkliche Leiden in eine erhabene Rührung aufzulösen. Nur der schlaffe, verzärtelte Geschmack möchte über das ernste Angesicht der Notwendigkeit einen Schleier werfen, während doch nur in der Bekanntschaft der uns umlagernden Gefahren Heil für uns ist. Die Fähigkeit, das Erhabene zu empfinden, ist eine der herrlichsten Anlagen in der Menschennatur, die sowohl wegen ihres Ursprunges aus dem selbständigen Denk- und Willensvermögen unsere Achtung als wegen ihres Einflusses auf den moralischen Menschen die vollkommenste Entwickelung verdient. Das Schöne macht sich bloß verdient um den Menschen, das Erhabene um den reinen Dämon in ihm. Ohne das Erhabene würde uns die Schönheit unserer Würde vergessen machen. Nun bietet zwar schon die Natur für sich allein Objekte in Menge, an denen sich die Empfindungsfähigkeit für das Erhabene üben könnte; aber da die Natur als eine Macht auf den Menschen wirkt, während sie doch nur als Objekt der freien Betrachtung ästhetisch werden kann, so ist der Mensch besser bedient, wenn er von der Kunst, die als völlig freie von ihrem Gegenstande alle zufälligen Schranken absondert, einen zubereiteten und auserlesenen Stoff empfängt. Während man für die Briefe über die ästhetische Erziehung des Menschen vielfach nicht das rechte Verständnis hatte (vgl. z. B. die Rezension in den »Annalen der Philosophie und des philosophischen Geistes« vom Jahre 1795, in welcher Schiller arg angefeindet wurde), machte Schillers andere philosophische Hauptschrift »Über naive und sentimentalische Dichtung« einen gewaltigen Eindruck. Ihr Inhalt ist im wesentlichen folgender: In gewissen Augenblicken wird der Mensch von der reinen Natur (in Pflanzen, Tieren, Landschaften, sowie in Kindern) unwiderstehlich angezogen. Doch sind es nicht diese Gegenstände selbst, sondern durch sie dargestellte Ideen, die wir in ihnen lieben, nämlich das stille, schaffende Leben, das ruhige Wirken aus sich selbst, das Dasein nach eigenen Gesetzen u. s. w. Sie erfüllen uns mit einer gewissen Wehmut, weil sie sind, was wir waren und was wir wieder werden sollen. Aber es gibt eine doppelte Sehnsucht nach der Natur, eine Sehnsucht nach ihrer Glückseligkeit und eine nach ihrer Vollkommenheit. Den Verlust der ersten beklagt nur der sinnliche Mensch, um den Verlust der ändern kann nur der moralische trauern. Besonders stark äußert sich das genannte Interesse bei solchen Gegenständen, welche uns den Rückblick auf uns selbst und die Unnatur in uns näher legen, wie z. B. bei Kindern und kindlichen Völkern. Sie rühren uns durch das Naive ihrer Denkart und erregen in uns ein gemischtes Gefühl, in welchem fröhlicher Spott, Ehrfurcht und Wehmut zusammenfließen. Naiv ist auch jedes wahre Genie, sowohl in seinen Werken als in seinem Privatleben und seinen Sitten. Im naiven Charakter läßt die Natur das weibliche Geschlecht seine höchste Vollkommenheit erreichen. Das Gefühl für das Naive wird am meisten da erregt, wo die Natur aus der Menschheit verschwunden ist. Wir finden es daher nicht bei den alten Griechen, weil bei ihnen die Kultur nicht so weit ausgeartet war, daß darüber die Natur verlassen wurde. Unser Gefühl für die Natur gleicht der Empfindung des Kranken für die Gesundheit. Da nun die Dichter ihrem Begriffe nach die Bewohner der Natur sind, so sind sie entweder Natur oder sie werden die verlorene suchen, sie sind entweder naive oder sentimentalische Dichter. *Homer* ist ein naiver Dichter, der selbst bei der Schilderung der Szene zwischen Diomedes und Glaukus ganz kalt bleibt, während ein Neuerer gewiß nicht umhin gekonnt hätte, über die schöne Beobachtung des Gastrechtes, wie sie in der genannten Szene zu Tage tritt, seine Freude zu bezeigen. Die Dichter der naiven Gattung, die jedoch keineswegs nur bei den Alten zu suchen sind, rühren uns durch Natur, durch sinnliche Wahrheit, durch lebendige Gegenwart, die sentimentalischen durch Ideen. Der alte Dichter war mächtig durch die Kunst der Begrenzung, der neuere durch die Kunst des Unendlichen. Die Kunst des sentimentalischen Dichters ist nun entweder satirisch oder elegisch. Das erste ist sie, wenn der Dichter die Entfernung von der Natur und den Widerspruch der Wirklichkeit mit dem Ideale zu seinem Gegenstande macht, das letztere, wenn er die Natur der Kunst und das Ideal der Wirklichkeit so entgegensetzt, daß die Darstellung des ersten überwiegt und das Wohlgefallen daran herrschende Empfindung wird. Die Satire« ist entweder strafend (pathetisch) oder scherzhaft. Die pathetische Satire muß aus einem Gemüte fließen, das von dem Ideale lebhaft durchdrungen ist. Daher kleidet die pathetische Satire nur erhabene Seelen. Die scherzhafte Satire dagegen gelingt nur einem schönen Herzen. Für den elegischen Dichter ist entweder die Natur und das Ideal ein Gegenstand der Trauer, wenn jene als verloren, dieses als unerreicht dargestellt wird; oder beide sind ihm ein Gegenstand der Freude, indem sie als wirklich vorgestellt werden. Das erste gibt die Elegie in engerer, das andere die Idylle in weitester Bedeutung. (Zu bemerken ist, daß Schiller, wie er wiederholt hervorhebt, mit seinen Benennungen Satire, Elegie und Idylle nichts über die Einteilung der Gedichte selbst und die Ableitung der poetischen Arten bestimmen will, sondern nur die in den verschiedenen Dichtungsarten herrschende Empfindungsweise im Auge hat; diese lasse sich nicht in jene enge Grenze einschließen, und der Dichter sei in einem und demselben Werke keineswegs an eine und dieselbe Empfindungsweise gebunden.) Bei der elegischen Dichtung darf der Inhalt jederzeit nur ein innerer idealischer Gegenstand sein. Der elegische Dichter sucht die Natur, aber als eine Idee und in einer Vollkommenheit, in der sie nie existiert hat, wenn er sie gleich als etwas Dagewesenes und nun Verlorenes beweint. Als groß in der elegischen Gattung steht vorzugsweise *Klopstock* da. Auch der Charakter der Dichtungen *Hallers* und *Kleists* und vieler anderer ist sentimentalisch. Will man aber erfahren, wie der naive Dichtergeist mit einem sentimentalischen Stoffe verfährt, so muß man sich an den Dichter des Werther, des Tasso, des Wilhelm Meister und des Faust wenden. In ihm wirkt die Natur getreuer und reiner als in irgendeinem anderen.

Die bloße Weichmütigkeit und Schwermut gibt noch lange nicht den Beruf zur elegischen Dichtung. Das Übel der Empfindelei und des weinerlichen Wesens ist mit Recht ein Gegenstand des Spottes geworden. Ebenso zu verurteilen sind Dichtungen, denen es an ästhetischer Würde fehlt. Verletzungen des Anstandes werden eine verächtliche Lizenz, wenn sie nicht aus dem Höchsten und Idealsten, was den Dichter ausmacht, abgeleitet werden können. Derartige Freiheiten müssen naiv sein und sich durch eine schöne Natur rechtfertigen lassen. Ein Dichter, der sich erlauben darf, uns zu Teilnehmern niedrig menschlicher Gefühle zu machen, muß uns auf der anderen Seite wieder zu allem, was groß und schön und erhaben menschlich ist, emporzutragen wissen. Daher der große Unterschied zwischen Dichtungen *Ovids, Crebillons, Voltaires* und anderer und den Elegien des römischen und des deutschen Properz *(Goethes).*

In dem letzten Abschnitte (Idylle überschrieben) wird zunächst als allgemeiner Begriff der Idylle die Darstellung unschuldiger und glücklicher Menschheit hingestellt. Den Schauplatz der Idylle haben die Dichter in das kindliche Alter der Menschheit vor dem Anfange der Kultur verlegt, doch findet er sich nicht nur da, die Kultur beabsichtigt ihn auch als ihr letztes Ziel. Während es aber der naiven Schäferidylle nie an Gehalt fehlen kann, weil er hier in der Form selbst schon enthalten ist, so sind die Schäferidyllen der sentimentalischen Dichter weder für das Herz noch für den Geist völlig befriedigend, nur *Miltons* Darstellung des ersten Menschenpaares und des Standes der Unschuld macht eine Ausnahme; es ist die schönste Idylle der sentimentalischen Gattung. In der naiven Gattung ist es die *Luise von Voß,* die den besten griechischen Mustern mit seltenem Erfolge nachringt. Der Charakter einer wahrhaft vollendeten Idylle würde darin bestehen, daß aller Zwiespalt der Wirklichkeit mit dem Ideale, der den Stoff zu der satirischen und elegischen Dichtung hergegeben hatte, vollkommen aufgehoben sei und mit demselben auch aller Streit der Empfindungen aufhöre, so daß der herrschende Ausdruck dieser Dichtungsart Ruhe wäre, aber Ruhe der Vollendung, nicht der Trägheit. Zuletzt handelt Schiller noch über das Verhältnis der naiven zur sentimentalischen Dichtung und über den charakteristischen Unterschied zwischen Idealismus und Realismus. Der naive Dichter hat vor dem sentimentalischen die sinnliche Realität voraus, indem er dasjenige als eine wirkliche Tatsache ausführt, was der andere nur zu erreichen strebt. Der letztere kann immer nur einen lebendigen Trieb nach wirklicher Existenz erwecken, aber dafür hat er vor jenem voraus, daß er dem Trieb einen größeren Gegenstand geben kann. Die naive Dichtung ist ferner eine Gunst der Natur, an der die Reflexion keinen Anteil hat, aber die Gefahr des naiven Dichtergeistes ist, daß er sich der gemeinen Wirklichkeit allzu sehr nähere und also erschlaffe. Die sentimentalische Dichtung kennt keine Abhängigkeit von der Erfahrung, aber der sentimentalische Dichtergeist ist der Gefahr ausgesetzt, die menschliche Natur ganz und gar aufzuheben und anstatt bloß zu idealisieren, über die Möglichkeit selbst noch hinauszugehen, also zu schwärmen und überspannt zu werden. Die Ausartung des naiven Dichtergeistes in Plattheit und Trivialität wird durch den viel angewendeten Grundsatz sehr begünstigt, daß die Dichtkunst zum Vergnügen und zur Erholung diene, während andererseits das Überspannte in Schutz genommen wird durch den Grundsatz, daß die Poesie zur moralischen Veredelung des Menschen diene. Beide Grundsätze sind an sich völlig richtig, aber bei dem ersten werden der Erholung gewöhnlich viel zu enge Grenzen gesetzt, indem man sie einseitig auf das bloße Bedürfnis der Sinnlichkeit zu beziehen pflegt, während doch der Empfänglichkeit für das wahre Schöne nichts nachteiliger ist als die allzu gewöhnlichen beiden Gemütsstimmungen des Menschen, nämlich anspannende Arbeit auf der einen und erschlaffender Genuß auf der anderen Seite. Bei dem anderen Grundsatz wird dagegen dem Begriff der Veredelung ein zu weiter Umfang gegeben, indem man sie einseitig nach der bloßen Idee bestimmt, wobei die Gefahr ist, daß über dem Suchen nach der reinen Form aller Gehalt verloren geht. Daraus ergibt sich, daß zum Auslegen poetischer Werke eine solche Klasse von Menschen erforderlich ist, die, ohne zu arbeiten, tätig ist und idealisieren kann, ohne zu schwärmen, welche alle Realitäten des Lebens mit den wenigst möglichen Schranken desselben in sich vereinigt und vom Streite der Begebenheiten getragen wird, ohne der Raub desselben .zu sein. Nur in der Verbindung des naiven und sentimentalischen Charakters wird das Ideal schöner Menschlichkeit ganz erschöpft. Aber nur im Begriff des Poetischen können beide Empfindungsarten zusammentreffen. Im gemeinen Leben herrscht ein merkwürdiger psychologischer Gegensatz unter den Menschen. Man gelangt zum wahren Begriff dieses Gegensatzes, wenn man sowohl von dem naiven als von dem sentimentalischen Charakter alles absondert, was beide Poetisches haben. Alsdann bleibt von dem ersteren nichts übrig als in Rücksicht auf das Theoretische ein nüchterner Beobachtungsgeist und eine feste Anhänglichkeit an das gleichförmige Zeugnis der Sinne, in Rücksicht auf das Praktische eine resignierte Unterwerfung unter die Notwendigkeit der Natur, eine Ergebung in das, was ist und sein muß. Von dem sentimentalischen Charakter bleibt im theoretischen nichts übrig als ein unruhiger Spekulationsgeist, der auf das Unbedingte in allen Erkenntnissen dringt, im Praktischen ein moralischer Rigorismus, der auf dem Unbedingten in Willenshandlungen besteht. Wer sich zu der ersten Klasse zählt, kann ein Realist, und wer zur andern, ein Idealist genannt werden. Das Ideal der menschlichen Natur erreicht weder der eine noch der andere völlig, es ist unter beide verteilt.

Mitten hinein in Schillers Beschäftigung mit der Philosophie fällt ein Ereignis, das für Schiller von den wichtigsten Folgen begleitet sein sollte, seine nähere Bekanntschaft mit Goethe. Sie datiert bekanntlich aus dem Sommer 1794 und wurde veranlaßt durch Schillers Plan, eine Zeitschrift, die Hören, herauszugeben, zu der er Goethe als Mitarbeiter einlud. Die Wirkung, welche beide Dichter von jetzt ab aufeinander ausübten, war so gewaltig, daß das Jahr 1794 sowohl für das Leben Schillers, als das Goethes den Beginn- einer neuen Periode bezeichnet. Bei Schiller äußerte sich Goethes Einfluß bereits in denjenigen Abschnitten seiner philosophischen Schriften, die in und nach dem genannten Sommer entstanden. daß bei der Zeichnung des Künstlers, wie sie in den ästhetischen Briefen gegeben wird, Goethe Vorbild gewesen, ist ebenso unzweifelhaft, wie es sicher ist, daß der Aufsatz über naive und sentimentalische Dichtung an zahlreichen Stellen den Leser geradezu zwingt, an Goethe zu denken. Von nun ab muß der Philosoph wieder dem Dichter weichen. Es entstehen »Die Macht des Gesanges«, »Pegasus im Joche«, »Die Ideale«, »Würde der Frauen«, »Deutsche Treue«, »Columbus«, »Die Teilung der Erde« und endlich die zwei wichtigsten Schöpfungen: »Das Ideal und das Leben« und »Der Spaziergang«. Diese Gedichte erschienen im Musenalmanach, den Schiller gleichzeitig mit den Horen herausgab. Die Horen fanden nicht den gehofften Beifall, und um an den zum Teil ganz unberufenen Kritikern ein Strafgericht zu vollziehen, gaben Schiller und Goethe die »Xenien« heraus, die ein ganz ungemeines Aufsehen erregten. Mit Recht sagt man, daß sie wie ein reinigender Luftstrom durch die zeitgenössische Literatur hindurchfegten. Aber noch wichtiger ist, daß die beiden Dioskuren lebhaft die Verpflichtung fühlten, »nach dem tollen Wagestück der Xenien sich nur noch großer und würdiger Kunstwerke zu befleißigen«. Schiller kam dieser Verpflichtung in so ungeahnter Weise nach, daß ob der vollendeten Meisterschaft selbst der leiseste Tadel verstummen mußte. .1797, das Balladenjahr, brachte au» seiner Feder den »Taucher«, den »Handschuh«, den »Ring des Polykrates«, »Ritter Toggenburg«, »Die Kraniche des Ibykus« und den »Gang nach dem Eisenhammer«, das Jahr 1798 »Das eleusische Fest«, »Die Bürgschaft« und den »Kampf mit dem Drachen«

Schon diese Dichtungen, zu denen sich noch eine große Zahl anderer gesellte, von welchen wir nur die geistreichen Epigramme erwähnen wollen, hätten genügt, Schillers Namen unsterblich zu machen. Aber den Dichter ergriff jene erhabene Unruhe, die ihn trieb, immer noch eine Stufe höher auf der Leiter des Ruhmes zu steigen. Es folgen die Meisterdramen: »Wallenstein« (1798 und 1799), »Maria Stuart« (1800), »Die Jungfrau von Orleans« (1801), »Die Braut von Messina« (1803) und »Wilhelm Tell« (1804). Dazwischen fällt »die vollendetste Beglaubigung vollendeten Dichtergenies« (*Humboldt),* »Das Lied von der Glocke« (1799), ferner Hero und Leander« (1801), »Kassandra« (1802), »Parabeln und Rätsel« (1802), »Das Siegesfest« (1603), »Der Graf von Habsburg« (1803), »Das Berglied« und »Der Alpenjäger« (1804).

Eine eingehende Würdigung von Schillers Meisterdramen kann an dieser Stelle nicht gegeben werden, es genüge, auf die bereits vorhandene, reichhaltige Literatur zu verweisen (s. unten). Nur einige wenige Punkte seien angedeutet.

In der »Wallenstein«-Trilogie schuf Schiller ein fast in jeder Hinsicht neu zu nennendes Werk. Er verließ »des Bürgerlebens engen

Kreis« und versetzte die Zuschauer »auf einen höheren Schauplatz«. In dem finsteren Zeitgrund des dreißigjährigen Krieges, den Schiller durch seine historischen Studien sich so lebhaft vor Augen geführt hatte, erkannte er einen Schauplatz, der nicht unwert des Momentes war, in dem er selbst mit seinen Zeitgenossen sich bewegte. Wallenstein und Gustav Adolf, die beiden Haupthelden jenes Krieges, hatten schon seit zehn Jahren sein Interesse mächtig gefesselt. In Wallenstein zog ihn vor allem »der große Verbrecher« unwiderstehlich an. Aber um ihn für die Tragödie geeignet zu machen, bedurfte der historische Wallenstein (d. h. der, den Schiller nach den ihm zu Gebote stehenden Quellen für den historischen halten mußte) eine Umschmelzung durch den Geist des Dichters. Er mußte ihn darstellen in »des Lebens Drang«, verführt von seiner Macht, mit der Freiheit spielend und zuletzt der Notwendigkeit erliegend. Aber daneben mußte er dem Herzen menschlich näher gebracht, sein kalter Ehrgeiz gemildert werden durch sittliche Motive (Sorge um das deutsche Reich, zärtliche Freundschaft für Max). Außerdem benutzt Schiller den astrologischen Glauben des historischen Wallenstein auf das trefflichste, um seinen Helden, den er sonst als den durchdringendsten Menschenkenner schildert, gerade gegen denjenigen blind zu machen, der ihm am gefährlichsten ist. Dadurch wird auf unfehlbare Weise das tragische Mitleid im höchsten Grade erregt. Über den Bau der Handlung, die Ökonomie des Stückes, sind auch die schärfsten Kritiker in der Bewunderung einig geblieben. Trotz der großen Zahl von Personen aus allen Ständen, trotz des bunten Wechsels der Szenen aus dem Kriegs-, dem Hof-, dem politischen und dem Familienleben, trotz einer ausgedehnten Nebenhandlung (Verhältnis zwischen Max und Thekla) ist die Einheit der Haupthandlung vortrefflich gewahrt, und alles drängt auf die eine große. Katastrophe hin. Nimmt man hierzu noch die reizvolle Beweglichkeit, die im Lager herrscht, die außerordentliche Mannigfaltigkeit der aufs schärfste gezeichneten Charaktere, die edle und blühende Sprache mit ihren zahlreichen Sentenzen, so begreift man, wie die erste Aufführung in Weimar »auch die Unempfindlichsten mit sich fortriß und in acht Tagen von nichts anderem gesprochen wurde«.

In »Maria Stuart« zeichnet uns der Dichter eine Königin, geschmückt mit allen Reizen des Weibes sowohl als der Herrscherin, aber schwer bedrückt von einer großen Schuld und furchtbar für sie büßend. Doch die Verschuldung vor ihrer Gefangenschaft, die Ermordung Darnleys, bildet nur den Hintergrund, die Vorgeschichte für das Stück, allerdings die notwendige; aber dem Dichter kommt es vor allem darauf an, Marias erschütterndes Ende nicht als die gerechte Strafe für diese frühere Verschuldung erscheinen zu lassen, sondern einesteils als die Wirkung einer neuen Schuld, die sie erst in der Gefangenschaft auf sich lädt, andernteils als herbeigeführt durch politische Umstände, sowie durch den persönlichen Charakter ihrer Gegnerin, in deren Gewalt sie ist. Die königliche Dulderin lenkt unser ganzes Interesse auf sich. Wir müssen ihren einstigen Frevel verabscheuen, werden aber tief ergriffen von ihrer aufrichtigen Reue und wünschen herzlichst, die Pforten ihres Kerkers möchten sich auf tun. Aber Maria lädt eine neue, doppelte Schuld auf sich, die eine gebiert die Liebe, die andere der Haß. Lestern will sie sich zum Preise schenken, wenn er sie rettet, damit hat sie (nach ihrem eigenen Ausspruche im 5. Aufzuge) »durch sündige Liebe das höchste Gut beleidigt,« und in der Parkszene vergißt sie, bis ins Innerste von den Giftreden der Gegnerin verwundet, ihrer königlichen Würde, ihre Leidenschaft erwacht und steigt ins Gigantische, sie hat Elisabeth gedemütigt, aber damit das Los des Todes gezogen. Nun gilt es nur noch, das Unvermeidliche mit Fassung zu ertragen, und da hat der Dichter wieder seine ganze Kunst aufgewendet, uns in eine Stimmung zu versetzen, in der wir einerseits ihren Tod als notwendig empfinden, andererseits aber von einer Rührung ergriffen werden, in der wir die schuldige Maria über der zur Engelsreinheit geläuterten gänzlich vergessen. Auch in diesem Stücke greift alles ineinander. Besondere Bewunderung hat von je her erregt, wie meisterhaft die »dramatische Ironie« hier zur Geltung gekommen ist, indem sich in den ersten Szenen die Handlung von der Katastrophe zu entfernen scheint, während sie ihr in Wahrheit immer näher geführt wird. Auch dieses Stück übte überall eine ganz besondere Wirkung aus.

Schon im Wallenstein hatte Schiller, wie oben bemerkt, dem Haupthelden, um dem Egoismus seines titanischen Ehrgeizes ein Gegengewicht zu schaffen, auch nationale Beweggründe untergelegt. Nun schuf er ein Stück, in dem das Nationale die ausschließliche Triebfeder der Haupthandlung ist – »Die Jungfrau von Orleans«. Die Heldin des Stückes hat alle Bande abgeschworen, die sie an ihre Familie, an ihren Stand, an ihre Heimat ketten könnten, weil ein Gedanke sie gänzlich erfüllt: Die Befreiung des Vaterlandes von den eingedrungenen Fremden, Selbst das Weib schwört sie ab, weil eine höhere Macht es verlangt und für die notwendig zu erfüllende Bedingung erklärt, wenn sie ihre große Sendung erfüllen will. Solange sie diesem Schwur treu bleibt, heftet sie Sieg auf Sieg an die französischen Fahnen, gewinnt den erbittertsten Feind für ihren König und erscheint wie ein Wesen aus einer ändern Welt. Aber um als tragische Heldin zu erscheinen, muß sie schuldig werden; und das wird sie, indem sie den Feind ihres Vaterlandes schont. Nun läßt uns des Dichters geniale Kunst in ihre Seele schauen, macht uns zu Zeugen von dem in ihr tobenden Kampfe zwischen einer menschlichen Regung und dem Bewußtsein, ihren Schwur gebrochen zu haben, und zeigt uns endlich, wie sie eine Sühne auf sich nimmt, die fast übermenschlich scheint, bis sie schließlich, nachdem sie auch die härteste Probe bestanden, sich gereinigt fühlt, die alte Kraft zurück empfängt, ihre Fesseln bricht, noch einmal die Ihrigen zum glänzenden Siege führt und auf dem Felde der Ehre ihr Leben läßt, gerechtfertigt von ihrem König und umstrahlt vom Glorienschein einer Heiligen. Es ist schwer zu denken, wie die völlige Hingebung an eine Idee reiner und ergreifender gezeichnet werden könnte, als es in der Jungfrau geschehen ist. Und wenn man erwägt, daß gerade diese Idee es war, die ein Jahrzehnt später ein geknechtetes Volk mit ihrer ganzen unwiderstehlichen Macht erfaßte, so darf man Schiller mit Recht als den ersten Dichter der Freiheitskriege bezeichnen, als denjenigen, dessen zündendes Wort die Edelsten der Nation dazu kräftig machte, auch angesichts der tiefsten Schmach des Vaterlandes nie die Hoffnung auf seine einstige Befreiung aufzugeben. Überall, wo es gegeben wurde, erregte das Drama einen wahrhaften Sturm der Begeisterung und wurde zu einem Volksstücke im edelsten Sinne des Wortes.

Schon lange hatte sich Schiller mit dem Gedanken getragen, einen »frei phantasierten Stoff« zu behandeln. Er führte den Gedanken aus in der »Braut von Messina«. Aber gleichzeitig wollte er ein Stück schaffen, in dem es nicht bloß auf ein vorübergehendes Spiel abgesehen, sondern das Materielle durch Ideen beherrscht, allem Naturalismus offen und ehrlich der Krieg erklärt, die Reflexion von der Handlung abgesondert und dem Zuschauer die Freiheit zurückgegeben würde, die im Sturm der Affekte leicht verloren gehen könnte. Deshalb griff er zum Chore der griechischen Tragödie. An diese schloß er sich auch dadurch an, daß er in der Fabel des Stückes dem geheimnisvollen, unentrinnbaren Schicksale (der Moira der Griechen) eine entscheidende Rolle zuteilt. Die ganze Handlung dreht sich um die Erfüllung zweier Träume des Herrscherpaares von Messina, Beide Träume werden, der eine von einem sternkundigen Araber, der andere von einem frommen Mönche, auf das künftige Geschick der drei Kinder jenes Paares gedeutet. Aber die Deutung des zweiten Traumes ist, wie die alten Orakelsprüche, doppelsinnig, und die Mutterliebe nimmt sie natürlich im günstigen Sinn und lebt der festen Hoffnung, daß des ersten Traumes schlimme Deutung durch den zweiten aufgehoben werde. Allein das düstere Verhängnis geht seinen Weg, und alle Bemühungen, es aufzuhalten, dienen nur dazu, es schneller herbeizuführen. Wenn es so den Anschein gewinnt, als ob in diesem Stücke dem blindwaltenden Schicksale alles und der Freiheit des Menschen nichts eingeräumt wäre und es »dem Guten wie dem Bösen gleich ergehe« *(Goethe),* so hat doch der Dichter selbst hierbei für eine tragische Schuld reichlich gesorgt, und »Schillers Schicksal hat nichts mit dem Spuk der Schicksalsdichter zu tun« *(Palleske).* Auch wenn uns der letzte Vers der Dichtung, also derjenige, mit dem der Dichter sein Publikum entläßt, nicht ausdrücklich sagte, daß der Übel größtes die Schuld sei, so würde uns doch jede der handelnden Hauptpersonen diese Wahrheit eindringlichst predigen. Isabellas Ehe hat rohe Gewalt geknüpft, in unbesonnener Weise schließen Beatrice und Don Manuel einen Liebesbund, Don Cesar mordet den eigenen Bruder, es häuft sich Schuld auf Schuld, und nur auf die furchtbarste Weise kann sie gesühnt werden. Der Chor begleitet die ganze Handlung, aber er ist nicht an ihren Kreis gebunden, sondern verläßt ihn, »um die großen Resultate des Lebens zu ziehen und die Lehren der Weisheit auszusprechen«. Er tut das in wahrhaft glänzender und farbenreicher Sprache, die das Ohr des gebildeten Zuhörers wie Musik umtönt. Goethe war entzückt von dem Werke, und Schiller selbst meinte von der Aufführung in Weimar, daß er zum ersten Male den »Eindruck einer wahren Tragödie« bekommen habe.

Das letzte größere Stück, das Schiller vollendete, ist »Wilhelm Tell«. Äußere und innere Ursachen wirkten gleich stark, ihn diesen Stoff wählen zu lassen. Zu jenen gehörten Goethes Mitteilungen über seine Absicht, aus der Teilsage ein Epos zu schaffen, sowie die wiederholte Anfrage bei dem Dichter, ob sein Tell bald fertig sei, Anfragen, die erfolgten, als er noch gar nicht den ernstlichen Plan hatte, ein solches Schauspiel zu dichten. Es war, als ob der Stoff in der Luft läge, das ganze Zeitbewußtsein schlug ihm mächtig entgegen. Zugleich mochte es den Dichter drängen, von der Beschäftigung mit den Alten, der er vor Abfassung der Braut von Messina so eifrig obgelegen hatte, wieder mitten hineinzugreifen in das Volksmäßige und dabei jene Idee geläutert zum Ausdruck zu bringen, aus der sein erstes Jugendwerk geboren war, die Idee der Freiheit. Auf die Räuber hatte die Revolution geantwortet, die französischen Umsturzmänner hatten den deutschen Dichter als einen der Ihrigen beansprucht und ihm das französische Bürgerrecht verliehen. Wohl hatte sich Schiller schon in der Glocke mit der Revolution auseinandergesetzt, aber sein letztes und entscheidendes Wort sprach erst der Tell. Schwerlich hätte der Konvent um dieses Stückes willen dem Dichter eine Auszeichnung zuteil werden lassen. Wer aus der ganzen Schilderung des Schweizervolkes, das in himmelschreiender Weise geknechtet wird, das aber nur diesen Druck los sein, keine Eroberungen machen, noch sich rächen will, »das mit dem Schwerte in der Faust sich mäßigt«, wer hieraus noch nicht den unendlichen Unterschied zwischen einem solchen Volke und dem Pariser Straßenpöbel, den Unterschied zwischen der Niederschießung eines Ungeheuers und dem Königsmord aus politischen Interessen erkannt haben sollte, der möge sich durch die Parricida-Szene und Schillers Stanzen »Wilhelm Tell« eines besseren belehren lassen.

Die geradezu zündende Wirkung, die der Tell bei jung und alt, bei reich und arm, in allen Ständen bis zu den Stufen der Throne hinauf ausübte, verschaffte dem so oft mißbrauchten Worte, daß Volkes Stimme Gottes Stimme sei, eine Deutung, die auch der verbissenste Volksverächter im innersten Herzen als richtig anerkennen mußte, und der durch die Volkserhebung in den Freiheitskriegen gleichsam das Siegel aufgedrückt wurde. Es mag richtig sein, wie viele behaupten, daß, wenn der Dichter seinen »Demetrius« hätte vollenden können, ein Stück entstanden wäre, das alle seine bisherigen noch übertroffen hätte, obwohl auch die kühnste

Phantasie sich das nur schwer denken mag; da aber ein unerbittliches Geschick dem rastlost Schaffenden die Feder gewaltsam entriß, so betrachtet das deutsche Volk den Tell als des Dichters Vermächtnis und mag sich seinen Schiller am liebsten so denken, wie er aus dem Tell zu ihm spricht.

Obwohl eine genauere Kenntnis der bis jetzt genannten Werke des Dichters einen Blick in jede Seite seines Schaffens gewährt, so gibt es doch noch eine ganz stattliche Reihe von Zeugnissen, die, weil sie der unmittelbare Erguß des Menschen Schiller sind, zu einem tieferen Erfassen seines Wesens unschätzbare Beiträge liefern, das sind die Briefe Schillers. Sie liegen, soweit sie erhalten sind, gegenwärtig in einer Vollständigkeit vor, die kaum etwas zu wünschen übrig läßt, und werden mit Recht von allen Biographen eingehendst benutzt. Am wichtigsten sind die an *Körner,* an *Humboldt* und an *Goethe* gerichteten. Daß sie auf eine Unzahl einzelner, auf Schillers äußere Lebensumstände bezüglicher Fragen die unzweideutigste Auskunft geben, ist fast ihr geringeres Verdienst, weit wichtiger sind die Beiträge, die sie zur Entstehungsgeschichte und zum Verständnis zahlreicher seiner Werke liefern, sowie ihre Stellungnahme zu den großen Ereignissen der Zeit, zur damaligen Literatur und zu den wichtigsten Fragen des Lebens.

II.

Schillers Schriften sind pädagogische Stoffe ersten Ranges. Sie sind es zuvörderst durch den Reichtum an Ideen. Denken wir uns zunächst den Menschen als Einzelwesen. Ideale schöner Menschlichkeit hat uns Schiller in Menge gezeichnet. Als Gegenstück zu den Ausgeburten einer verfeinerten Kultur malt er uns den unverdorbenen Naturmenschen, aber nicht, um, wie *Rousseau,* den Kulturfortschritt zu beklagen, sondern um die Unterlage zu gewinnen für die Zeichnung des Ideals eines Kulturmenschen. Der Mensch bleibt ein Barbar, wenn er nicht durch die Kunst veredelt wird. Diese innige Verbindung von Natur und Kunst entdeckt der Dichter in dem herrlichen Griechenvolke, in dem mehr als in jedem anderen Volke die schöne Menschlichkeit waltete. Aber das Zeitalter des alten Griechentums ist unwiederbringlich vorüber; seitdem der Mensch »denkend in seine Brust gegriffen« hat, handelt es sich darum, einen gewaltigen Kampf in seinem Innern zum glücklichen Austrag zu bringen, den Kampf zwischen Sinnlichkeit und Vernunft. Doch nicht darin besteht das höchste Ideal, daß einer der beiden Gegensätze gänzlich unterdrückt und ausgerottet werde, sondern darin, daß beide sich vollenden in der »schönen Seele«, der die Ausübung des Guten keinen Zwang mehr kostet (vgl. »Anmut und Würde«, »Das Ideal und das

Leben«, »Das weibliche Ideal«, Fridolin, Max und Thekla). Ohne die Kunst, insbesondere die Dichtkunst, ist es dem Menschen unmöglich, seine höchste Bestimmung zu erreichen; daher der Ausspruch, daß eigentlich nur der Dichter der wahre Mensch sei, und die zahlreichen Verherrlichungen des Sängertums (vgl. »Die Künstler«, »Die Macht des Gesanges«, »Das Mädchen aus der Fremde«, »Die Kraniche des Ibykus »Die vier Weltalter«, »Der Graf von Habsburg«). Auch nach vielen anderen Richtungen stellt der Dichter tiefsinnige Betrachtungen über die Bestimmung des Menschen an. Glück und Glückseligkeit, Weisheit und Klugheit, Güte und Größe, echt wissenschaftliche Forschung und falscher Studiertrieb, Tiefe des Wissens und Oberflächlichkeit, Erkenntnisse, erworben durch Schuld, naives Erfassen der Wahrheit, Licht mit und ohne Wärme, wahre und falsche Philosophie und vieles andere ist Gegenstand seines Nachdenkens. Und fragen wir nach den Ideen, die sich für den Menschen aus seinen verschiedenen Verhältnissen zu ändern Menschen ergeben, so finden wir auch nach dieser Seite bei Schiller reiche Anregung und Belehrung. Auf das glänzendste verherrlicht er die Idee der Freundschaft (vgl. den Schluß der »Ideale«, »Deutsche Treue«, »Die Bürgschaft«, Marquis Posa und Don Carlos, Wallenstein und Max) und des Gastrechtes (vgl. besonders den »Tell«), in schärfsten Umrissen zeichnet er die Unterschiede und die ideale Bestimmung der beiden Geschlechter und verklärt die irdische Liebe zu wahrhaft himmlischem Glänze (vgl. den »Taucher«, »Die Glocke«, »Hero und Leander«, »Ritter Toggenburg«, Max und Thekla, Rudenz und Bertha). Nicht minder verklärt zeichnet er das Familienleben: die väterliche Fürsorge, die mütterliche Liebe, die kindliche Unschuld (vgl. »Die Glocke« und die Schilderung von Tells und Stauffachers Häuslichkeit). Und nun erst der Mensch in der bürgerlichen und in der staatlichen Gemeinschaft! Der Idee, daß erst durch den Ackerbau die Grundlage für die gesellschaftliche Vereinigung der Menschen gegeben worden sei, gibt er Ausdruck in den herrlichen Dichtungen »Das eleusische Fest« und »Der Spaziergang«, in letzterem und in der »Glocke« schildert er den Segen der bürgerlichen Ordnung und die Heiligkeit der Gesetze, sowie andererseits den furchtbaren Zustand, den die Verächter von Zucht und Ordnung herbeiführen. Besonders beachtenswert ist hierbei, was er im »Spaziergang« betont, daß der Übergang von einem Kulturzustand in den anderen ein ganz allmählicher und unmerklicher ist, woraus sich die so wichtige Idee einer kulturhistorischen Entwickelung ergibt. Fragt man aber nach der Idee, der er jedes staatliche Gemeinwesen unterstellt, so ist es die Idee der Freiheit, aber einer Freiheit, wie sie die Vernunft und nicht die wilde Begierde fordert. Während das Bild der Freiheit in »Don Carlos« noch manche phantastische Züge trägt, strahlt es im reinsten Glänze in den späteren Dichtungen, vornehmlich im Tell, und erhält in der Idee der Vaterlandsliebe das Gegengewicht zu kosmopolitischer Schwärmerei. In Gustav Adolf hat uns der Dichter das Ideal eines Herrschers gezeichnet, und aus seinen historischen Schriften, mehreren Stellen der philosophischen Aufsätze, aus dem »Don Carlos«, »Wallenstein« und »Tell«, aus den Äußerungen über die französische Revolution, aus mehreren Gedichten und aus den Fragmenten des »Demetrius« (vgl. z. B. die bekannte Stelle: »Nicht Stimmenmehrheit ist des Rechtes Probe«) lassen sich unschwer die Züge zu dem Bilde von der besten Staatsverfassung herausschälen, wie es Schiller vorschwebte.

Am erhabensten und erschütternsten wirkt die Macht der Ideen, wenn sie miteinander in Streit kommen. Dann entstehen die großen sittlichen Konflikte des menschlichen Herzens. So finden wir bei Schillers Gestalten in Streit bald die Liebe mit der Ehre, bald die Treue gegen den Freund mit der Treue gegen den rechtmäßigen Oberherrn, bald die elterliche Liebe mit der Rücksicht auf das Wohl des Staates u. s. w. Auch der »Konflikt der Konflikte«, der Zwiespalt zwischen dem Willen des Einzelwesens und dem Drange der Umstände, zwischen Charakter und Schicksal, spielt in Schillers dramatischen Werken eine wichtige Rolle. Immer aber ist die schließliche Entscheidung so, daß das sittliche Bewußtsein ihr recht geben muß.

Verwunderlich wäre es und würde eine Lücke verraten, wenn den Dichter nicht auch die rein christlichen Ideen berührt hätten. Der Einfluß, den die Lutherische Bibelübersetzung, Klopstocks Oden und der Messias, der fromme Geist seines elterlichen Hauses auf ihn ausübten, zeigt sich in vielen seiner Jugenddichtungen (vgl. z. B. »Der Abend«, welches Gedicht Schiller jedoch nicht in die Ausgabe seiner Werke aufnahm). Deutlich treten christliche Ideen in den Räubern hervor; nicht nur sind eine Menge biblischer Vorstellungen, Ausdrucksweisen und Anklänge in dieses Stück verwebt, sondern es wird auch durchzogen von der Idee einer ausgleichenden Gerechtigkeit, eines über den Sternen thronenden unparteiischen Richters; und der Dichter selbst erklärt, daß er sich in diesem Stücke den Zweck vorgezeichnet habe, »die (christliche) Religion an ihren Feinden zu rächen«. Der Ordens-meister und der Ritter im »Kampf mit dem Drachen« sind rein christliche Ideale, ebenso wie der wegen seiner kindlichen Frömmigkeit im Schütze der Vorsehung stehende Fridolin, die sich rückhaltlos dem Göttlichen ergebende Johanna und die büßende Dulderin

Maria. Dem kleinen Gedichte »Die Johanniter« liegt die Idee zu Grunde, durch welche das Christentum die Welt überwunden hat: die über dem leidenden Mitbruder sich selbst vergessende allbarmherzige Samariterliebe. Die freiwillige Unterordnung unter das Sittengesetz, an der Schiller im Gegensatz zu Kant festhielt, ist dem freien Gehorsam verwandt, den das Christentum predigt, und der so oft bei Schiller wiederkehrende Gedanke, wonach der Mensch bei all seinem Handeln auf sein Innerstes verwiesen und aufgefordert wird, Einkehr zu halten in »des Herzens heilig stillen Bäumen« und »den Gott zu fühlen, den er denke«, ist nicht nur christlich, sondern echt protestantisch. Protestantischen Geist atmen auch Schillers beide Hauptschriften historischer Art. So sichtbar in der »Geschichte des Abfalls der Niederlande« das Bestreben hervortritt, auch den Unterdrückern evangelischer Freiheit gerecht zu werden, so gilt doch des Verfassers Zuneigung unverkennbar dem protestantischen Volke, und wenn wir das Bild, das er uns von Gustav Adolf entwirft, seines evangelischen Charakters entkleiden wollten, verlöre es gerade die schönsten Züge. Und schließlich dürfen wir nicht vergessen, daß auch die sog. allgemein menschlichen Ideen, wenigstens in der Ausprägung, die ihnen Schiller verliehen hat, doch eben nur auf dem Boden des Christentums erwachsen konnten.

Dieser bewundernswerte Reichtum an Ideen ist wesentlich bedingt durch die ungemeine Mannigfaltigkeit der Stoffe, die uns der Dichter vorführt. Er hat, wie sein Sänger in den vier Weltaltern, »alles gesehen, was auf Erden geschieht«, und breitet »das zusammengefaltete Leben« lustig und glänzend vor uns aus. Die altgriechische Welt mit ihren Göttern und Heroen, Helden, Sängern und Dichtern, das Mittelalter mit seinen Rittern, Priestern und Mönchen, welthistorische Abschnitte aus der spanischen, französischen, englischen, niederländischen, russischen, schweizerischen und deutschen Geschichte, die großen Kriege und Revolutionen, Kabinettsintrigen und Staatsaktionen, die ganze Mannigfaltigkeit der verschiedenen Stände und Berufskreise, Nomaden, Hirten, Jäger, Fischer, Landleute, Bürgerliche und Adelige, Knechte und Freie, Gelehrte und Staatsdiener, Bischöfe, Grafen, Fürsten, Herzöge, Könige und Kaiser, das Leben auf dem Lande und in der Stadt, die Beschäftigung des Handwerkers, der Nähr-, Lehr- und Wehrstand, alles das und noch viel mehr muß dem Dichter Stoffe liefern. »Wer vieles bringt, wird manchem etwas bringen,« kein Wunder, daß Schiller der Dichter für das ganze deutsche Volk geworden ist und also auch für jede Art von Schulen Geeignetes bietet.

Kaum ist es nötig, auch noch auf die Form seines dichterischen Schaffens hinzuweisen.

Sämtliche Gattungen der Poesie, die epische, lyrische, didaktische und dramatische, sind durch Meisterwerke vertreten, ebenso alle Versmaße und eine große Anzahl von Strophenformen. An dichterischen Bildern ist Schillers Sprache überreich, vor allem bemerkenswert sind die kühnen und neuen Metaphern, die großartigen Gegensätze und die glänzenden Gleichnisse. Und wer an der Hand eines kundigen Führers tiefer eindringt in das, was man den Bau einer Dichtung nennt, der wird von der höchsten Bewunderung ergriffen über den durchdringenden, alles bis aufs eingehendste erwägenden Verstand des Dichters. »Das Lied von der Glocke« ist auch nach dieser Richtung ein unübertroffenes Meisterwerk (vgl. die kunstvolle dreifache Verbindung: der Meistersprüche unter sich, der Betrachtungen unter sich und der Meistersprüche mit den Betrachtungen), und aus jeder der großen Tragödien läßt sich der Nachweis führen, daß alle Anforderungen an die Tragödie in Bezug auf Vorbereitung, Höhepunkt, Umschwung und Katastrophe sowie auf die Einheit der Handlung erfüllt sind. Besondere Beachtung verdient das Verhältnis der dichterischen Bearbeitung zu dem vorgefundenen Stoffe. Letzterer ist der ersteren oft sehr ähnlich, oft aber auch gänzlich von ihr verschieden. Weglassungen, Zutaten, Anordnung und Umformung sind dann des Dichters eigenstes Werk, und der

Unterschied von Poesie und Prosa läßt sich in solchen Fällen auch von dem blödesten Verstande fast mit Händen greifen (vgl. z. B. Pescecola mit dem Jüngling im »Taucher«).

III.

Ehe wir aber unsern Knaben und Mädchen, unsern Jünglingen und Jungfrauen den großen Dichter mit wahrhaft gutem Gewissen empfehlen können, bleibt noch die Erfüllung einer Bedingung übrig, die jedoch gerade bei Schiller weit mehr erfüllt worden ist, als bei manchen andern Dichtern, deren Schöpfungen wir zur Jugendlektüre gemacht haben. Daß der Dichter, wenn er uns etwas schenkt, zugleich sich selber gibt, erwarten wir in jedem Falle. Aber diese zweite Gabe muß auch wert sein, geschenkt zu werden, der Dichter muß auch als Mensch unser Interesse fesseln, ja am liebsten möchten wir, wenn es möglich wäre, in seinem Leben die Verkörperung seiner Ideale finden. »Gemeine Naturen zahlen mit dem, was sie tun, edle mit dem, was sie sind.« Schillers Leben bietet nun den erhebenden Anblick einer so innigen Verbindung zwischen Mensch und Dichter, daß man ihr nur wenig ähnliche Beispiele zur Seite setzen kann. Erhaben, heldenmäßig, nur auf das Große gerichtet, entgegenstehende Hindernisse mit kühner Entschlossenheit zur Seite werfend sind die Gestalten, die seine Phantasie uns zeichnet.

Ganz ähnlich verläuft sein eigenes Leben ein erhebendes und zugleich erschütterndes Drama. Der Held ist der Dichter selbst, die Idee, an die er sein Leben setzt, ist die Dichtkunst. Schon früh erfaßt er sie mit allen Fasern seines Seins, hält sie aufrecht in allen Stürmen, faßt sie reiner und reiner und läßt zuletzt für sie das Leben. Der erste entscheidende Schritt ist die Abfassung der »Räuber« unter Umständen, die sattsam bekannt sind, aber immer von neuem unsere Bewunderung erregen (die auch keineswegs abgeschwächt wird durch die gerechtere Würdigung, welche neuerdings die Karls-Akademie und ihr Stifter erfahren haben, vgl. *Minor,* Schiller, sein Leben und seine Werke, 1. Bd., S. 96 ff.). Der zweite Schritt ist die Flucht aus Stuttgart, womit der Dreiundzwanzigjährige alle Brücken hinter sich abbricht, mittellos von der Heimat, dem elterlichen Hause, den Jugendfreunden scheidet, die Gunst des väterlich für ihn sorgenden Herzogs und die Aussicht auf eine sichere Lebensstellung verscherzt und alles gleichsam auf eine Karte setzt. Nun folgt die Zeit der großen Entbehrungen, der bitteren Enttäuschungen. Sie werden ertragen, denn »die Muse hält ihn aufrecht«. Da, ein Lichtstrahl: die Sendung aus Leipzig! Ein neues Leben beginnt bei dem hochgebildeten und wahrhaft edel denkenden *Körner.* Zum ersten Male kann er sich sorglos seinem Dichterberufe widmen. Da packt ihn furchtbar der Zweifel, ob er wirklich ein Dichter sei, und außerdem der Gedanke an die Notwendigkeit, sich eine feste Lebensstellung zu gründen. Die Professur in Jena ist nach der Züchtung wenigstens ein Schritt, und nun darf er auch daran denken, eine eigene Häuslichkeit sich zu schaffen. Es folgt eine kurze Zeit ungetrübten Glückes, vom Dichter mit Feuereifer benutzt, in die Gedankenwelt des Weisesten seiner Zeit sich zu vertiefen und eine Theorie für künftiges Schaffen zu gewinnen. Da klopft, zwar noch nicht mit eherner Hand, aber bereits vernehmlich genug, ein grausames Geschick an seine Pforten, es befällt ihn jene heimtückische Krankheit, die ihn nie wieder völlig verläßt. Und nun beginnt ein Ringen, so ernst, so gewaltig, daß es uns auf der einen Seite mit der tiefsten Wehmut, aber auf der ändern mit dem höchsten Entzücken erfüllt, weil es mit siegender Kraft die Wahrheit in unsere Seele gräbt, daß der »Geist es ist, der sich den Körper baut«. Jeden Tag »der glücklichen Stimmung mit fünf oder sechs Tagen des Drucks und des Leidens büßen«, »das strenge Wort« beständig vor Augen haben zu müssen, dabei eine Riesentätigkeit zu entwickeln und Werke zu schaffen, von denen jedes folgende das vorhergehende wieder nach irgend einer Seite übertrifft, das scheint über Menschliches weit hinauszugehen. Schwer läßt sich etwas Ergreifenderes denken, als des Dichters Gemütslage in den letzten Monaten seines Lebens. Die gebrechliche Hülle geht ihrer Auflösung entgegen, um so kostbarer wird jede noch geschenkte Minute, in vier Tagen entsteht noch ein kleines Meisterwerk (»Die Huldigung der Künste«), in wenig Wochen die Grundzüge eines großen (»Demetrius«), und mit einer Welt von Entwürfen scheidet er dahin. Wörtlich erfüllt sich ihm, was er in den »Idealen« sagt, daß die Beschäftigung, die nie ermattet, liebend bei ihm ausharrt und ihm bis zum finstern Hause folgt. Aber auch der andere der beiden tröstenden Begleiter, die Freundschaft, hat treulich bei ihm ausgehalten. Die vielen kleinen Züge freundschaftlicher Gesinnung, aus seiner frühesten Jugend und aus der Zeit der Akademie, das rührende Verhältnis zu *Andreas Streicher,* der innige .Freundschaftsbund mit *Körner* und dessen Familie, dann) mit *Humboldt* und endlich mit *Goethe,* außerdem freundschaftlicher Verkehr mit einer großen Zahl anderer ihm teuer gewordener Menschen, die Zartheit und Innigkeit seines Liebeswerbens um Lotte, die Reinheit seines ehelichen Lebens, das prägt sich jedem Betrachter unauslöschlich ins Gedächtnis. Und was wohl zu beachten ist, alle, die ihm je näher gestanden, sind einig in der Anerkennung, daß sein Umgang nie anders als emporziehend, läuternd, veredelnd wirkte (vgl. besonders *Goethes* »Epilog«).

Wohl ist auch Schillers Leben nicht frei von Verirrungen, und welches Menschenleben wäre das! Aber diese Verirrungen sind keineswegs imstande, das reine Bild zu trüben. Denn kein Geringerer als *Goethe* hat es mit der unsterblichen Unterschrift versehen: »Hinter ihm in wesenlosem Scheine lag, was uns alle bändigt, das Gemeine.« Diese Worte, und aus solchem Munde, geben uns die unbedingte Berechtigung, Schillers Leben vor unserer Jugend auszubreiten so weit als nur möglich. Hier bedarf es nicht des Versteckspiels, zu dem sich der Pädagog bei manchen andern Dichtern fast genötigt sieht, deren Werke er zwar seinen Schülern nicht vorenthalten kann, über deren Leben und Gesinnung aber er am liebsten einen Schleier breiten möchte.

Wenn trotzdem es heutigentages in der literarischen Welt eine Richtung gibt, die in ihrer Vergötterung *Goethes* so weit geht, nicht nur den Dichter, sondern auch den Menschen Schiller mit Schmutz zu bewerfen, so läßt sich das nur damit erklären, daß auch geistig hoch stehende Männer sich nicht gänzlich der Sumpfluft zu entziehen vermögen, die aus unserer gegenwärtigen Literatur leider vielfach weht. Schillers Jugend soll eine »halb verfehlte« gewesen sein, und es wäre am besten, »wir wüßten überhaupt nichts, davon«, er sei ein Schriftsteller gewesen, »der das Metier von Grund aus kannte«, »ein

Dichter von Profession«, ihm habe »die unter dem Mantel von Gemütlichkeit unergründliche Schlauheit der Schwaben zu Gebote gestanden«, ihm sei »die Lehre vom souveränen Volk so völlig ins Blut gemischt worden, daß er bei seinen Dichtungen unwillkürlich davon ausgehe«, er sei »radikal« gewesen und habe »auf dem Standpunkt der französischen Revolution gestanden«, *Goethe* sei von ihm »mißbraucht« worden, sein Zusammenleben mit Schiller sei »gleichsam eine zehnjährige Ehe, nach deren Verlauf man einen geliebten Lebensgefährten verliert, lange beweint, schließlich aber kühl beurteilt« u. s. w. Mit diesen Äußerungen *Hermann Grimms* (Vorlesungen über Goethe, Berlin 1877) stelle man eine der großen Schillerbiographien zusammen, z. B. die von *Palleske!*

Grimms Urteile sind freilich teilweise nur dadurch möglich geworden, daß er »zwischen den Zeilen« liest und z. B. Goethes bekanntes Wort, daß bei der Herausgabe der Horen und der Musenalmanache »die Welt ihn und Schiller mißbraucht« habe, so auslegt, als ob Goethe von Schiller mißbraucht worden sei. Im Grunde bedarf Schiller derartigen Angriffen und Herabsetzungen gegenüber keiner Rechtfertigung. Die Tatsachen selbst, Schillers unverkennbarer Einfluß auf unser gesamtes Kulturleben, auf die Abwerfung des französischen Joches zur Zeit der Befreiungskriege, auf das Entstehen und das allmähliche Erstarken des deutsch-nationalen Gedankens, die allgemeine Teilnahme und Begeisterung, die die Feier seines hundertjährigen Geburtstages hervorrief, die Willigkeit, mit der sich auch heutigentages jedes noch nicht gänzlich blasierte Gemüt von ihm fesseln läßt (zu erwähnen sind beispielsweise die überall großen Anklang findenden Schillerabende, das Schillertheater in Berlin u. s. w.), alles das spricht eine zu deutliche Sprache, als daß eine Verteidigung durch Worte noch nötig wäre. Aber selbst wenn es der »unparteiischen Forschung« gelingen sollte, nachzuweisen, daß das Bild, das man sich von Schiller gemacht, allzu ideal sei, so würde ihr sofort die weitere Aufgabe erwachsen, darzutun, weshalb man gerade diesen Dichter so gerne in höherem Lichte sehen möchte.[3] Und was die Pädagogik anlangt, so dürfte es kaum zweifelhaft sein, mit welchem Schiller sie mehr anfangen könne, ob mit dem, um dessen Haupt des Volkes Liebe den Schein der Verklärung gewoben, oder mit dem Schiller, den uns *H. Grimm* zeichnen möchte, wenn er sagt, es werde uns nicht eher »historisch behaglich zu Mute, als bis wir ganz sicher zu wissen glauben, daß diese

---

[3] Beachtung verdient die Tatsache, daß *Schiller* einer der wenigen neueren Dichter ist, deren Lebensumstände zu dichterischer Behandlung gereizt haben, vgl. besonders den Roman von *H. Kurz,* »Schillers Heimatjahre« und das Schauspiel von *H. Laube* »Die Karlsschüler«.

Heroen ihre schwachen Seiten gehabt, wie alle andern, besonders wie wir selber«. Übrigens scheint die Feindseligkeit gegen Schiller den Höhepunkt bereits überschritten zu haben. Im eigentlichen Kern des deutschen Volkes ist sie überhaupt nie vorhanden gewesen, sondern nur in gewissen literarischen Richtungen und in einigen gelehrten Kreisen. Aber auch da wird sie sich nicht ewig halten können (vgl. die treffliche Arbeit von Prof. Dr. *Braitmaier* »Goethekult und Goethephilologie«, Beilage zum Programm des Gymnasiums zu Tübingen, 1892). Ein Beweis, wie sehr man das Bedürfnis fühlt, sich wieder eingehend mit Schiller zu beschäftigen, sind mehrere umfassende Biographien der neuesten Zeit, unter denen besonders die im Erscheinen begriffene von *J. Minor* hervorragt. Aus der Einleitung sei eine Stelle hierher gesetzt: »Der Lebenslauf Schillers erscheint uns als ein Produkt seines energischen Willens und der Freiheit, welche lange vor der Periode der Kantischen Studien sein Lebensprinzip war. Goethe scheint das geworden, Schiller hat sich zu dem, was er wurde, gemacht. In dem harten Kampf, welchen er von Jugend auf mit der Natur zu bestehen hatte, ist er Sieger geblieben, er hat es dahin gebracht, sein Leben, mannigfachen Widerwärtigkeiten zum Trotz, nach einer innewohnenden Idee zu gestalten. Bei ihm gibt es fast kein Abfallen der Blüten und Blätter, mit einer unglaublichen Festigkeit und Sicherheit rettet er die Ideale einer stürmischen und gefahrvollen Jugend hinüber in die Zeit der männlichen Reife. Was er von Naturgaben empfangen hatte, wie auch das, was er mit eisernem Fleiße in strenger Selbstzucht und unablässiger Bildungsarbeit sich seit frühen Tagen selbst erworben hatte, war sein unveräußerlicher Besitz, von welchem ihm keine Kraft der Erde auch nur ein Titelchen entwenden konnte. In den ersten Versen, welche uns von seiner Hand erhalten sind, an der kindlichen Schwelle seiner Kunst begegnet uns dasselbe Bild von der alles überschauenden, alles überdauernden Sonne, mit welchem er auf der Höhe seines Schaffens eine seiner größten Dichtungen beschlossen hat. Ein unreifer Jugendaufsatz enthält dieselben Gedanken, welche er später in den Künstlern wirksamer dichterisch verwertet hat. Der Gegensatz von Sinnlichkeit und Vernunft, der Zwiespalt der sinnlichen und der geistigen Natur in dem Menschen ist das Problem seines ganzen Lebens, an welchem er handelnd, dichtend und denkend von Jugend auf seine Kräfte übt: erst auf dem Höhepunkt seines Lebens ist ihm die Versöhnung desselben geglückt. Auch in seiner Persönlichkeit kreuzen sich die Perioden, und nicht so deutlich wie bei Goethe heben sich bei ihm die Lebensalter voneinander ab: Züge von tiefem Ernst und ein schweres Pathos treten bald in dem lebhaften Knaben hervor, und die warme Empfindung des Jünglings lebt auch noch in dem reifen Manne. Bei Schiller tritt die Persönlichkeit, das, was er war, jedem auf den ersten Blick entgegen; in Goethes reicherem und kaum mit einem Blick zu umspannendem Leben verbirgt sich die Person hinter dem rastlosen Prozeß des Werdens. Ein zukünftiger Biograph Goethes wird einmal vor der schwersten Aufgabe stehen, in Goethes so wandlungsreicher Existenz den unveränderten Kern zu treffen: uns zu zeigen, wie es doch immer derselbe Stamm gewesen ist, welcher so verschiedenartige Blüten und Früchte gezeitigt hat. Der Biograph Schillers steht vor der entgegengesetzten Aufgabe, die Entwickelungsphasen und Bildungsperioden eines Dichters abzugrenzen und auseinanderzuhalten, welchem nach seinem eigenen Bekenntnis der Übergang von dem einen Geschäft zu dem ändern immer sauer und mühevoll geworden ist, und dessen Entwickelung sich nicht wie ein Naturprozeß von selbst, sondern wie nach einem fest bestimmten Plane vollzieht. Goethes Leben nimmt einen behaglichen Verlauf, fast wie ein Epos, in welchem jeder Teil als ein schönes Ganzes für sich Bestand hat. In Schillers Leben bildet die Jugend nur die Vorbereitung für die kommende Zeit, sein Leben verläuft fast wie ein Drama. Es ist ein beständiger Kampf, ein ewiges Ringen hinauf! hinauf nach den höchsten sittlichen und ästhetischen Zielen. Da gibt es keinen Rückschritt, keinen Stillstand, im Drange der irdischen Not kaum einen Ruhepunkt. Auch dem Leben Goethes fehlt es nicht an einer höchsten Erhebung: aber sie liegt nicht an dem Ende, sondern reichlich in der Mitte seines Daseins. Es gibt ein Hinauf, aber nach dem langen Verweilen auch ein allmähliches Herunter in seiner Entwickelung. Schillers Höhepunkt liegt am Ende seines kurzen Daseins, und da nach Goethes schönem Worte der Abwesende immer in der Gestalt vor uns steht, in welcher er geschieden ist, so lebt er als ein jugendlich strebender und jugendlich ringender unter uns fort. Im deutschen Volke, welchem er bald zu einer mythischen Person geworden ist, weiß man es nicht anders, als daß Schiller jung gestorben ist. Und als Goethe in seinem Epilog zur Glocke dem abgeschiedenen Freunde eine Träne weiht, wendet er unwillkürlich auf ihn die Worte an, mit welchen er einst in den schönen Tagen ihres vereinten Wirkens seinen Helden Achill gefeiert hatte. In der Gestalt des Achill, eines ewig jungen und strebenden, kämpfenden und ringenden Geisteshelden, wie Achill von dem Märtyrerschein eines frühen Todes umgeben, welchen der von Sorge und Krankheit verfolgte gleichfalls immer vor Augen gesehen hat, – so steht Schiller vor uns und erweckt „unendliche Sehnsucht".«

IV.

Es fragt sich nun: Wie sind für die Schule die gewaltigen Schätze, die in Schillers Werken und Leben aufgespeichert sind, nutzbar zu machen? Fast unbegreiflich will es uns scheinen, daß es eine Zeit gegeben hat, in der die Volksschule gar nicht und das Gymnasium nur äußerst spärlich von Schiller Notiz genommen haben. Und doch gab es eine solche. Für die Volksschule war es die Zeit, in der sich die Naturkunde auf die Giftpflanzen und die Literaturkunde auf einige Fabeln von Gellert, Lichtwer und Pfeffel beschränkte. Für das Gymnasium war es die Zeit, in der die altklassischen Sprachen noch eine so unbedingte Herrschaft führten, daß für deutsche Dichter kein Raum blieb. In den letzten Jahrzehnten ist das gänzlich anders geworden. Deutsche Dichter und Denker haben in allen Schulen ihren siegreichen Einzug gehalten. Ob indessen damit die Bildung des Geschmackes eine wesentlich höhere Stufe erreicht hat, erscheint zweifelhaft. Die Gier, mit welcher Kolportageromane und höchst fragwürdige literarische Erzeugnisse von einem großen Teile des Volkes verschlungen werden, sowie der im ganzen geringe Widerstand, dem manche sog. Gebildete dem Andrängen des »Naturalismus« entgegensetzen, die Gleichgültigkeit, mit der sie sich gewisse Ausschreitungen der Presse, den Niedergang des Theaters und anderes gefallen lassen, sind Anzeichen dafür, daß die Vervollkommnung des Geschmackes noch einer großen Steigerung fähig ist. Die Schule freilich kann, wie bei so vielen Dingen, nicht alles allein tun. Aber sie kann doch vieles tun, wenn sie einige oft ausgesprochene, aber nicht immer angewandte Grundsätze auf das literarische Gebiet überträgt. Es sind folgende: Für die Jugend ist das Beste gerade gut genug. Dieses Beste ist gründlichst durchzunehmen. Es ist in Verbindung zu setzen mit ändern Gesinnungs- und Wissensstoffen. Nach diesen in der allgemeinen Pädagogik ihre Begründung findenden Sätzen seien jetzt einige Gesichtspunkte erörtert, die bei der pädagogischen Verwertung Schillers in Betracht kommen müssen.

Selbstverständlich hängt das Maß dieser Verwertung von dem Charakter der verschiedenen Erziehungsanstalten ab. In der Volksschule müssen aus nahe liegenden Gründen Schriftsteller wie Hebel, Claudius und die Dichter der Befreiungskriege mehr in den Vordergrund treten als Goethe und Schiller. Dichtungen des letzteren können nur insoweit in Frage kommen, als zu ihrer Verständlichmachung nicht Dinge herangezogen werden müssen, die jenseits der Ziele der Volksschule liegen oder mit dem übrigen Volksschulunterricht in keine Verbindung gebracht werden können. Demgemäß ist alles das beiseite zu lassen, wozu altklassische Bildung, tiefere geschichtliche Kenntnisse, kunsthistorische und literargeschichtliche Studien erforderlich sind. Immerhin bleibt noch manches übrig. Aus der Geschichte des dreißigjährigen Krieges sind höchst passende Stoffe auch für die Volksschule die Abschnitte über die Zerstörung Magdeburgs durch Tilly und die Schlacht bei Lützen. Unter den Balladen dürften auch bei weniger günstigen Verhältnissen »Die Bürgschaft« und »Der Graf von Habsburg« vorgenommen werden können. Für letzteres Gedicht bildet der Geschichtsunterricht den passendsten Anknüpfungspunkt, ersteres wird ohne große Schwierigkeit sich mit Stücken aus dem Lesebuche in Verbindung bringen lassen. Eine gehobene Volksschule, vor allem aber die Fortbildungsschule, darf sich »Das Lied von der Glocke« nicht entgehen lassen; hat ja auch die Schilderung der Feuersbrunst schon Eingang in viele Lesebücher gefunden. Für die Dramen, selbst für das leichteste, den Tell, fehlt es in der Volksschule zumeist an Zeit; doch können bei den betreffenden Partien des Geschichtsunterrichts einige passende Szenen aus Tell und Wallensteins Lager mit Nutzen zur Behandlung kommen. Dagegen sind fast alle Schillerschen Rätsel für die Volksschule geeignet (vgl. *Eberhardt,* Die Poesie in der Volksschule, 2. Reihe, Langensalza 1882). Bei jedem zur Klassenbehandlung kommenden Erzeugnis der Schillerschen Muse ist ein möglichst volles Verständnis und ein guter Vortrag zu erzielen, daher auch das wörtliche Auswendiglernen der Gedichte eine unabweisliche Forderung.

Aber eine noch viel nachhaltigere Wirkung als durch Behandlung einzelner Dichtungen Schillers kann die Volksschule ausüben, wenn ihre Lehrer etwas von Schillers Geist in sich aufgenommen haben. Das wird in neuerer Zeit in Fachkreisen anerkannt, viele Lehrpläne der Seminare weisen den Schillerschen Meisterdramen einen ziemlich breiten Raum zu, und manche der zahlreichen Erklärungen Schillerscher Dichtungen sind vornehmlich auf die Lehrerbildungsanstalten berechnet. Nur da, wo man noch der Ansicht huldigt, daß alles, was der künftige Lehrer über das unmittelbar in der Volksschule zu Verwertende hinauslerne, mehr oder weniger von Übel sei, kommt Schiller nicht zu seinem Rechte. Wem jedoch die Hebung der allgemeinen Bildung der Lehrer und damit auch die Hebung des Lehrerstandes und der Volksschule am Herzen liegt, der begrüßt in der Beschäftigung mit Schiller ein durch nichts anderes zu ersetzendes Mittel zu solchem Ziele. Verlangt man von dem Lehrer eine ideale Auffassung des Lebens im allgemeinen und seines Berufes im besonderen, so soll man ihn auch heimisch machen in demjenigen Dichter, bei dem sämtliche vom deutschen Volke hoch gehaltene Ideale greifbare

Gestalt gewonnen haben. Und was die sprachlich-ästhetische Bildung anlangt, soweit sie ohne eigentlich philologische Kenntnisse möglich ist, so läßt sie sich voll aus Schiller erwerben; das Wesentlichste der Poetik kann auf empirischem Wege mit verhältnismäßiger Leichtigkeit aus seinen Dichtungen entwickelt werden, eine Fülle meisterhafter Dispositionen stellt sich fast ungesucht dar, Themen zu Aufsätzen aller Art ergeben sich von selbst (vgl. *Bliedner,* »Zum literaturkundlichen Unterricht auf dem Seminar«, 6. Bericht des Schullehrer-Seminars zu Eisenach), Beziehungen zum übrigen Deutschen, zum Religions- und Geschichtsunterricht sind in Menge vorhanden. Besonders wichtig ist die Verwertung des durch die Lektüre Schillers gewonnenen Materials in der Psychologie; denn das kann keinem Zweifel unterliegen, daß die Wahrheit eines psychologischen Gesetzes, aus einem den Schülern vom deutschen Unterrichte her bekannten Charakter der Schillerschen Dramen entwickelt, sich ganz anders einprägt, als wenn die Beispiele erst mühsam herbeigesucht werden müssen. Freilich wird hierbei vorausgesetzt, daß der Seminarlehrer sich nicht begnügt, die Schüler nur naschen zu lassen. Der Lehrplan muß die Zeit zu länger andauernder Vertiefung in Schiller gewähren. Insbesondere muß auch eine Ahnung von der ungeheuren Geistesarbeit, die in jedem Schillerschen Werke steckt, die Seelen der Schüler durchziehen. Dazu dienen die möglichst, oft zu wiederholenden und gerade bei Schiller in vielen Fällen leicht zu ermöglichenden Einblicke in seine dichterische Werkstätte, freilich nicht in ihre geheimsten Tiefen, denn das ist nicht möglich, aber in die Unterschiede zwischen dem vollendeten Werke und dem rohen Stoffe. Die bildende Kraft derartiger Einblicke kann nicht hoch genug veranschlagt werden. In einem solchen Verfahren liegt auch ein treffliches Mittel, der vorzeitigen und blasierten, der Jugend so übel stehenden Kritisiererei entgegenzuarbeiten. Je mehr ein Jüngling Schiller kennt, desto bescheidener wird er. Zu dieser Kenntnis führt aber nicht das bloße Lesen und eine oberflächliche Mitteilung des Inhalts, sondern es ist erforderlich, daß alles, was sich zu freiem Vortrage eignet, wörtlich memoriert und möglichst schön wiedergegeben werde, und zwar nicht nur von einzelnen besonders Begabten, sondern von der ganzen Klasse. Ein vorzügliches Mittel dazu ist das Chorsprechen (vgl. was sich bei *Palleske,* »Die Kunst des Vertrages«, 2. Aufl. 1884, S. 260 ff. über den großartigen Eindruck berichtet findet, den der Chorvortrag der Glocke im Seminar zu Löbau auf den Verfasser machte). Auch die Aufführung einzelner dramatischer Szenen, unter günstigen Umständen selbst einmal des ganzen ersten Teiles der Wallensteintrilogie, ist nicht zu verschmähen. Die eingehendere Betrachtung von Schillers Leben darf nicht zu früh erfolgen, ihre reinste Wirkung übt sie erst aus, wenn sich aus der Lektüre das geistige Bild des großen Dichters bereits tief in die Seele gesenkt hat. Nun erst ist es Zeit, auch der »Räuber« zu gedenken. Ist erst die Lektüre von »Wallenstein« und »Tell« vorausgegangen, dann richten die »Räuber« kein Unheil mehr an, und ohne daß ein einziges kritisches Wort zu fallen braucht, wird dieses Erzeugnis des Sturmes und Dranges von selbst in die ihm gebührende Stellung einrücken. Von Büchern und Hilfsmitteln für die Hand der Seminaristen sind nur erforderlich Schillers Gedichte und Einzelausgaben seiner Dramen ohne oder nur mit ganz kurzen Anmerkungen. Geradezu von Übel sind literaturgeschichtliche Leitfäden. Literaturgeschichte gehört überhaupt nicht auf das Seminar. Auch für die Biographie Schillers ist kein Buch nötig, der Lehrer muß das noch Unbekannte frei vortragen können, und nur für größere durch die Schüler zu haltende freie Vorträge gebe er ihnen ein Hilfsmittel wie *Palleske, Hepp* oder *Wychgram* in die Hand.

Aber die eigentliche pädagogische Ausnutzung Schillers ist erst auf dem humanistischen Gymnasium möglich. Hier braucht die »Eile« nicht vorhanden zu sein, mit der das Lehrer-Seminar leider einem gewissen Abschlüsse der Bildung zustreben muß. Von vier Gesichtspunkten aus läßt Schiller im Gymnasium sich betrachten: von dem antiken, dem literargeschichtlichen, dem ästhetisch - sittlichen und dem nationalen. "Was den antiken anlangt, so gilt es, Schillers Stellung zum Altertum zu ermitteln. Hierbei handelt es sich weder um die griechische Sprache (Schiller selbst war ihrer bekanntlich nicht mächtig) noch um die griechischen Altertümer, noch um die griechische Geschichte und Philosophie, sondern um die Verständlichmachung jener Sehnsucht, die der Dichter mitten in dem Kulturleben seiner Zeit nach der »Simplicität« der Griechen empfand, nach ihrer Vereinigung von Natur und Kunst, ihrer »schönen Menschlichkeit«, es handelt sich ferner um die Rolle, die die griechische Götter- und Sagenwelt in seinen Dichtungen spielt, um die Bedeutung, die er einzelnen Mythen gibt, um die Beziehungen, in die er sie zu seinen Ideen setzt (vgl. »Das eleusische Fest«, den »Spaziergang«, »Das Ideal und das Leben«, »Über Anmut und Würde« u. s. w.), es handelt sich endlich um die Beleuchtung der in der Schrift »Über naive und sentimentalische Dichtung« ausgesprochenen Hauptsätze durch die Lektüre der alten Dichter und um mannigfache Vergleichungen zwischen dem griechischen und dem Schiller-schen Trauerspiel, insbesondere zwischen den Euripideischen Tragödien und der »Braut von Messina«. Auch den Beziehungen des Dichters zu altrömischem

Wesen nachzuspüren, Parallelen zu ziehen zwischen seinen und altrömischen Heldengestalten, verstehen zu lernen, woran er dachte, wenn er das Ringen nach »römischer Kraft« dem Deutschen empfahl, und die Wirkung aufzusuchen, die das Studium der lateinischen Dichter Virgil und Horaz auf ihn tat, ist eine würdige Aufgabe für die Gymnasialprima.

Der literargeschichtliche Gesichtspunkt hat es mit der einzigartigen Stellung zu tun, die Schiller und Goethe in der zweiten klassischen Periode unserer Literatur einnahmen, mit der Klarlegung der Gründe, weshalb man vornehmlich sie beide als die Vertreter des Kulturstandes jener merkwürdigen Zeit betrachten kann. Da handelt es sich um die Zustände der deutschen Literatur vor dem Erscheinen der »Räuber«, um die Beeinflussung, die Schiller durch die Sturm- und Drangperiode, durch Shakespeare, Lessing, Klopstock, Rousseau u. a, erfahren hat, um eingehende Vergleichung der verschiedenen Perioden seines dichterischen Schaffens, um sein Verhältnis zu zeitgenössischen Dichtern, Schriftstellern und bedeutenden Menschen (»Meine Bekanntschaften sind auch die Geschichte meines Lebens«, Schiller in einem Briefe an die Gräfin Schimmelmann), vor allem aber um das Verhältnis zu Goethe. Es kommen unter anderem in Betracht die Vorreden, die Schiller einzelnen seiner Werke beigab, die

Briefe über Don Carlos, die Rezension der Bürgerschen Gedichte, die Xenien, ganz besonders sein Briefwechsel..

Der breiteste Raum muß für das Ästhetisch-Sittliche offen bleiben. Hier handelt es sich nicht bloß um Schiller als geschichtliche Erscheinung, sondern um seine bleibende Bedeutung. Hier gilt es, die Jugend zu erwärmen für die erhabene Stellung, die Schiller der Kunst zuweist, sie einzuführen in die Grundlagen, in die Stützen, in die Ziele seiner Kunstanschauung. Von dem Material, das die Balladen bieten, ist fortzuschreiten zu den kulturhistorischen Dichtungen, aus dem »Spaziergang« sind Sätze des Laokoon zu gewinnen, aus den »vier Weltaltern«, dem »Mädchen aus der Fremde« und anderen die Aufgabe des Sängers (Dichters), aus den Meisterdramen, besonders dem »Wallenstein«, die ewig gültigen Gesetze der Tragödie abzuleiten,[4] die Begriffe Schuld, Strafe, Sühne, Schicksal einer elementaren Untersuchung zu unterziehen u. s. w. Die Vergleichung der einzelnen Dramen nach den verschiedensten Gesichtspunkten (Vorgeschichte, Ökonomie, Grundgedanke, Verhältnis zur geschichtlichen Unterlage u. s.

---

[4] Ein ausgezeichnetes Beispiel dafür, daß Schiller schon früher diese Gesetze mit vollem Bewußtsein als Norm bei der Abfassung eines Dramas betrachtete, bietet der erste Entwurf des Don Carlos (s. *Wychgram,* S. 124 ff.).

w.) muß zu ihrem tieferen Erfassen beitragen. Nicht durchweg leicht zu beantworten, aber das Nachdenken lebhaft erregend und daher anziehend und lehrreich ist die Frage, inwieweit wir berechtigt seien, für das Verhalten und die Schicksale seiner Helden und Heldinnen oder auch für die ganze »Tendenz« des Dramas den Dichter in einem höheren Sinne als in dem der bloßen Autorschaft verantwortlich zu machen oder in den Äußerungen einzelner auftretender Personen Darlegungen von Schillers Innerstem zu erblicken (vgl. z. B. seinen Ausspruch über Wallenstein: »Den Hauptcharakter sowie die meisten Nebencharaktere traktiere ich wirklich bis jetzt mit der reinen Liebe des Künstlers, bloß für den nächsten nach dem Hauptcharakter, den jungen Piccolomini, bin ich durch meine eigene Zuneigung interessiert«, und über die Jungfrau: »Dieses Stück floß aus dem Herzen, und zu dem Herzen sollte es auch sprechen.«). Unter den Gedichten sind vor allen zwei für das humanistische Gymnasium wie geschaffen: »Die Künstler« und »Das Ideal und das Leben«. Die Schwierigkeiten, die sie der ersten Auffassung bieten, reizen zu eingehender Behandlung, die kaum irgendwo bessere Früchte trägt. »Gelingt es, sagt *Kern* (»Methodik des deutschen Unterrichts,« S. 72), das herrliche Gedicht (»Das Ideal und das Leben«) den Schülern einigermaßen verständlich zu machen, so haben sie jedenfalls einen großen Nutzen davon für alle Zeiten; denn so leicht wird das dabei Gewonnene nicht wieder verloren gehen«. Daneben sind die prosaischen Schriften Schillers nicht zu vergessen. Von den philosophischen dienen viele Abschnitte zur Begründung und weiteren Ausführung von Gedanken, die in den Dichtungen niedergelegt sind, und damit zur Erklärung Schillers durch Schiller selbst. Höchst lehrreich ist eine Vergleichung zwischen den »Künstlern« und den Hauptsätzen der ästhetischen Briefe. Aus der Vergleichung muß hervorgehen, daß zwar eine und dieselbe Persönlichkeit aus beiden Werken zu uns spricht, daß aber in dem späteren und reiferen der Dichter manches von der Hoffnungsfreudigkeit des früheren fahren läßt oder für sie andere Stützen sucht. Denn zwischen beiden lag die Revolution. Alle philosophisch-ästhetischen Schriften können nicht in den Unterrichtsstunden behandelt, aber vieles der Privatlektüre und den freien Arbeitstagen überwiesen werden. Eine jedoch, »das Werk einer Meisterhand«, wie sie *Kant* genannt hat, verdient aus mehr als einem Grunde, daß sie vollständig gelesen und – verdaut werde, die Schrift »Über Anmut und Würde«, diese »frei entwickelte und sorgsam gegliederte Abhandlung, mit ihrem klaren Bau der Sätze, ihren reizvollen Abbiegungen vom Wege und dem ausgebreiteten Detail geistreicher Beobachtung« *(Brahm).* Als

Endziel werde erstrebt, den Jüngling ahnen zu lassen, daß die Kunst, insbesondere die Dichtkunst, eine höhere und heiligere Aufgabe habe, als zu einer flüchtigen Unterhaltung zu dienen, daß sie berufen sei, eine der Brücken zu sein, wodurch die scheinbar unendliche Kluft zwischen »Sinnenglück und Seelenfrieden« überbrückt werden kann, daß aber, um sie zu einer solchen werden zu lassen, ein gut Teil jener sittlichen Energie erfordert werde, wie sie Schiller besaß. Die Betonung dieses zuletzt genannten Punktes ist sehr wichtig, besonders deshalb, um dem entnervenden Schwelgen in ästhetischen Gefühlen, worin für manchen Jüngling die einzige Frucht besteht, die er aus der Beschäftigung mit deutschen Dichtern davonträgt, einen kräftigen Damm entgegenzusetzen. Hierin liegt auch eine gewisse Bürgschaft, daß die Befürchtungen derjenigen unbegründet sind, die meinen, eine so den ganzen Menschen erfassende Beschäftigung mit Schiller, wie wir sie im Auge haben, werde eine Abwendung von dem »spezifisch Christlichen« zur Folge haben. Wer diese Befürchtung teilt, vermag ihr einen Schein von Berechtigung immer nur dadurch zu geben, daß er einzelne Dichtungen Schillers, namentlich aus seinen früheren Perioden (»Resignation«, »Die Götter Griechenlands«, »Rousseau«) und einzelne Äußerungen seines Briefwechsels als alleinigen und maßgebenden Ausdruck seiner religiösen Überzeugung betrachtet. Aber er vergißt über den einzelnen Posten die Summe. Und wenn wir diese ziehen, so muß sich herausstellen, daß, ebenso gewiß als Kant trotz aller kritischen Untersuchungen und Lessing trotz seines Anti-Göze und seines Nathan Christen geblieben sind und ebenso gewiß als das Christentum derjenigen nichts taugt, deren Taten, Worten und Gesinnungen der sittliche Charakter noch nicht seinen Stempel aufgedrückt hat, Schiller ein Glied jener Kirche zu nennen ist, die die protestantische Dogmatik so treffend mit dem Namen der »unsichtbaren« zu bezeichnen pflegt. Übrigens ist es auch bezeichnend genug, daß gewisse Christentums- und religionslose Strömungen unserer Tage es nie versucht haben, Schiller als einen der Ihrigen zu beanspruchen. Die Träger derartiger Strömungen haben das richtige Gefühl, daß sie ihrer Sache wenig dienen würden, wenn sie sich auf Schiller berufen. Dagegen hat die christliche Moral, wenn anders sie nicht verknöchern und sich selbst aufgeben will, alle Ursache, Schiller dankbar zu sein. »Ihm und Kant hat man es vor allen zu danken, wenn man auf den Gebieten des persönlichen und geistigen Lebens bei den modernen Kulturvölkern hoffen darf, daß echt sittlicher Ernst und sittliche Kraft und allgemeine Übereinstimmung über das Würdige trotz aller Verirrungen auf dem Boden des Christentums sich mehr und mehr befestigen, verbreiten und betätigen werde.« *(Ziller, Allgem. philos. Ethik, S. 70.)*

Endlich verdient Schiller als deutschnationaler Dichter die höchste Beachtung des deutschen Gymnasiums. Wenn dieses Gymnasium die künftigen geistigen Führer des Volkes vorzubilden hat, so muß es sie auch tief eintauchen in alles das, wodurch dieses Volk groß und berechtigt geworden ist, im Ringe der Völker eine leitende Rolle mitzuspielen. Die gewaltigen Ereignisse, die sich in unserem Jahrhundert in der Geschichte des deutschen Volkes abgespielt haben, und als deren vorläufiger Abschluß die Gründung des Deutschen Reiches betrachtet werden kann, sind zwar das Ergebnis eines unendlich verzweigten und verwickelten Prozesses, aber für den auf einer höheren Warte Stehenden ergeben sich doch eine Anzahl treibender Ideen, die ihre Kraft aus dem Charakter des deutschen Volkes gesogen haben. Diese Ideen, diese »Imponderabilien« sind es, denen im letzten Grunde die Fortschritte der Geschichte verdankt werden, und sie im Bewußtsein der deutschen Jugend lebendig zu erhalten, ist nicht nur die Aufgabe der Geschichte, sondern auch des deutschen Unterrichts. Ja, letzterer ist in gewisser Beziehung günstiger daran als ersterer, weil die kleineren, in sich abgerundeten Ganzen, die der Dichter bietet, sich leichter überschauen lassen und die dichterische Sprache sich dem

Herzen tiefer einprägt. Welche Ideale sich in einem Volke festsetzen, davon hängt für sein Bestehen sehr viel ab. Und in dieser Beziehung können wir der Vorsehung nicht genug danken, daß sie uns einen Schiller gegeben hat. »Römische Kraft« und »griechische Schönheit« hat er als gemäß dem »deutschen Genius« erkannt, aber besorgt gewarnt vor dem »gallischen Sprung«. Bis auf den heutigen Tag hat die deutsche Geschichte ihm recht gegeben. Ob wir mit Goethe allein die Stufe errungen hätten, auf der unser Volk heutigentages steht, ist sehr fraglich. Mit Recht sagt *Braitmaier* (a. a. 0., S. 58): »Was wäre aus Deutschland geworden, wenn die Liebesdichtung Goethes die einzige Nahrung des deutschen Volkes gebildet hätte, wenn die Gretchen, Klärchen u. s. w., seine mark- und rückgratlosen Männer seine einzigen Vorbilder, seine einzigen Ideale gewesen wären? Heute noch wäre Deutschland der Vasallenstaat Frankreichs, der Hohn und Spott der Nationen.« Und mit gleichem Rechte darf behauptet werden, daß der Widerstand, den weite Kreise unseres Volkes den finsteren Bestrebungen vaterlandsloser Fanatiker entgegensetzen, einen nicht geringen Teil seiner Nahrung, mag man sich dessen bewußt sein oder nicht, aus eben jenen Idealen zieht. Wir erfüllen daher nur eine echt nationale Aufgabe, wenn wir diese Ideale, durch die Deutschland groß geworden ist, ihm zu erhalten suchen. Und so fällt auch die Anklage, daß Schillers »Kosmopolitismus« unserm nationalen Empfinden Abbruch tue, gänzlich in nichts zusammen. Wer Schiller aus seinem Weltbürgertum einen Vorwurf macht, der vergißt die Triebfedern, aus denen es hervorgegangen ist, der beachtet nicht den Geist des 18. Jahrhunderts und übersieht die Zustände des damaligen deutschen Reiches. Schillers »Geschichte des dreißigjährigen Krieges« der Jugend etwa deshalb vorenthalten zu wollen, weil in ihr der deutsch-nationale Gesichtspunkt in den Hintergrund tritt, käme fast einer Versündigung an der Jugend gleich. Im Gegenteil ist dringend zu wünschen, daß Schillers geschichtliche Schriften trotz der Anfeindung, die ihnen durch manchen Historiker von Fach zu teil geworden ist, aufs eingehendste studiert würden. Ja, auch »die akademische Antrittsrede«,, die nach dem Urteile *Hettners* Kants Gedanken »übertreiben und verzerren« soll und die dieser Literarhistoriker mit den »Phantastereien der Naturphilosophie« zusammenzustellen geneigt ist, vermag vielleicht in dem Herzen eines empfänglichen Jünglings mehr Begeisterung gerade auch für die vaterländische Geschichte zu erwecken als manches dickleibige Kompendium.

Die Weltanschauung Schillers hat ihren bezeichnendsten und kürzesten Ausdruck gefunden in seinen Epigrammen, diesen goldenen Sprüchen und »reinen Früchten seines philosophischen

Denkens« *(Hoffmeister).* Sie nebst den kleineren didaktischen Dichtungen fassen die Ergebnisse ganzer Reihen Schillerscher Gedankenentwicklungen in der bündigsten Form zusammen und bilden deshalb ein vortreffliches Material zu Themen für Aufsätze, Vorträge und Reden, selbstverständlich erst auf einer Stufe, auf welcher die Schüler bereits eine hinlängliche Bekanntschaft mit Schillers übrigen Werken erworben haben. Ohne diese Bekanntschaft würden zu viele Erläuterungen des Lehrers erforderlich sein, während, wenn sie vorhanden ist, das Wesentlichste die Schüler selbst besorgen können.

Soll aber eine solche Vertiefung in Schiller, wie wir sie im Vorhergehenden verlangt haben, wirklich stattfinden, so empfiehlt es sich, ihn längere Zeit hindurch in den Mittelpunkt des gesamten literaturkundlichen Interesses zu stellen. Darauf abzielende Vorschläge sind auch schon mehrfach gemacht worden, z. B. von *Schneider* (»Lehrplan für den deutschen Unterricht in der Prima höherer Lehranstalten«, Bonn 1881), der für die Prima ein »Schiller-Semester« fordert, von *Frick* (Lehrproben und Lehrgänge), der schon auf Schillers Jugenddramen, »Don Carlos« und »Wallenstein« ein Halbjahr verwendet wissen will, und vom Verfasser vorliegenden Artikels (»Versuch einer Konzentration des literaturkundlichen Unterrichts«, *Reins* Pädagog. Studien 1881, 1. Heft).

Doch fehlt noch viel, daß man mit Recht sagen könnte, die deutsche Schule würdige völlig den Wert des Schatzes, der ihr in Schiller gegeben ist. Die einen lassen sich blenden von einer anmaßlichen Kritik, die über Schillers »Rhetorik« den Stab brechen zu können glaubt, die andern lassen Schiller zwar gelten, aber nur als Kind seiner Zeit, während ihnen Goethe »der Genius für alle Zeiten« ist, die dritten meinen, Schillers »Dualismus« sei ein überwundener Standpunkt und vertrage sich nicht mit der heute herrschenden »monistischen« Weltanschauung, die vierten scheinen von dem bunten Allerlei literaturgeschichtlicher Leitfäden mit ihren fertigen Urteilen mehr für die Bildung zu erwarten als von der gründlichen Beschäftigung mit einigen wenigen Auserwählten u. s. w. Allein so lange uns die deutsche Literatur nicht mit Werken beschenkt, die uns berechtigen, von einer dritten klassischen Periode zu sprechen, so lange wir noch nicht sagen dürfen, alles Gold der zweiten sei bereits gemünzt, so lange kann auch die deutsche Pädagogik, wenn sie Umschau hält nach einer Geist und Gemüt der Jugend gleich nährenden Speise, nicht ablassen von der Forderung, unserm Schiller in der Schule den ihm gebührenden Ehrenplatz einzuräumen.

Zur Literatur.

Die Schillerliteratur läßt sich bereits kaum mehr übersehen. Eine bis zum Jahre 1878 reichende Zusammenstellung gibt *Unflad,* »Die Schillerliteratur in Deutschland«, München 1878. Seitdem ist aber noch viel hinzugekommen. Sehr zahlreich sind die Erläuterungsschriften vertreten. Zu ihnen sind, streng genommen, auch diejenigen Schriften zu rechnen, die sich zwar einen weiteren Zweck setzen, sofern sie Erklärungen zu deutschen Dichtungen überhaupt geben wollen, aber doch meistens den Schillerschen einen besonders breiten Raum gönnen. Die folgende Übersicht hat sich nach zwei Seiten eine Grenze gezogen: Ausgeschlossen sind sowohl die rein wissenschaftlichen Untersuchungen über biographische oder literarhistorische Einzelheiten, als auch diejenigen Schriften, die ein zu wenig monographisches Gepräge tragen, obwohl aus manchen der letzteren viel für die unterrichtliche Verwertung Schillers entnommen werden kann (vgl. z. B. die Werke von *Cholevius, Naumann, Rinne, Kluge, Laas, Klaucke* und anderen über Themen und Dispositionen zu deutschen Aufsätzen).

I. Ausgaben von Schillers Werken.

K. Goedeke, 15 Teile (große kritische Ausgabe). *W. von Maltzahn,* 16 Teile (Hempelsche Ausgabe). *R. Boxberger,* 12 Bände (Kürschners deutsche Nationallitteratur).

2. Biographisches.

K. Hoffmeister, Schillers Leben, Geistesentwickelung und Werke, 1837—39, 5 Bde., neubearbeitet von *H. Viehoff,* 2. Aufl.,. 3 Teile, Stuttgart, 1888. *Cf. Schwab,* Schillers Leben.' Gütersloh 1859. *Th. Carlyle,* Das Leben Schillers. Aus dem Englischen. Mit Einleitung von *Goethe.* Frankfurt 1850. *E. Boas,* Schillers Jugendjahre. 2 Bde. Hannover 1856. *A. Spieß,* Schillers Leben und Dichtungen. Wiesbaden 1859. *Jul. Schmidt,* Schiller und seine Zeitgenossen. Leipzig 1859. *H. Hettner,* Goethe und Schiller. 3. Aufl. Braunschweig 1876. *H. Düntzer,* Schillers Leben. Leipzig 1881. *K von Wolzogen,* Schillers Leben. (1830.) Neue Auflage. Stuttgart 1883. *C. Hepp,* Schillers Leben und Dichten. Leipzig 1885. *B. Weltrich,* Fr. Schiller. Stuttgart 1885—89 (unvollendet). *W. Büchner,* F. v. Schiller. Lahr 1886. *0. Brahm,* Schiller. 2 Bde. Berlin 1888 (unvollendet). *J. Minor,* Schiller, sein Leben und seine Werke. Berlin 1890 (bis jetzt 1. und 2. Bd.). 0. *Lyon,* Schillers Leben und Werke. Bielefeld 1890. *E. Palleske,* Schillers Leben und Werke (1858 und 1859). 13. Aufl. Bearbeitet von *H. Fischer.* Stuttgart 1891. *K Fischer,* Schillers Jugend- und Wanderjahre in Selbstbekenntnissen. 2. Auflage. Heidelberg 1891. /. *Wychgram,* Schiller, dem deutschen Volke dargestellt. Bielefeld und Leipzig 1894.

3. Zum Verständnis und zur Würdigung Schillers.

J. W. Braun, Schiller und Goethe im Urteil ihrer Zeitgenossen. 1. Abt. Schiller. 3 Bde. Berlin 1882. *Borges,* Über Schillers Einflute auf Goethes Dichtung. Leipzig 1888. /. *Grimm,* Rede auf Schiller (1859), 4. Abdruck, Berlin 1871. *L. Döderlein,* Festrede an Schillers hundertjährigem Geburtstage. *G. Baur,* Schiller, in der *Schmidt* sehen Encyklopädie des gesamten Erziehungs- und Unterrichtswesens, 7. Bd. 1869. *Deinhardt,* Beiträge zur Würdigung u. s. w. Schillers. Stuttgart 1861. *G. Hauff,* Schiller - Studien. Berlin 1880. *R. Böhme,* Schiller-Studien, 1. u. 2. Teil (Programm des Gymnasiums zu Freiberg 1891 und 1892). *L. Drewes,* Schillers Lebensideal (Programm des Gymnasiums zu Helmstedt 1881). *K. Tomaschek,* Schiller in seinem Verhältnis zur Wissenschaft. Wien 1862. *C. Twesten,* Schiller in seinem Verhältnis zur Wissenschaft. Berlin 1863. *K. Fischer,* Schiller als Philosoph. 2. Aufl. Heidelberg 1891. *G. Zimmermann,* Versuch einer Schillerschen Ästhetik. Leipzig 1889. Derselbe, Schillers Ethik und ihr Zusammenhang mit seiner Ästhetik (Jahrbücher f. Philologie und Pädagogik, 2. Abt., 1889, S. 85—100). *K. Gneiße,* Schillers Lehre von der ästhetischen Wahrnehmung. Berlin 1893. *K. Berger,* Die Entwickelung von Schillers Ästhetik. Weimar 1894. *A. Frank,* Über Schillers Begriff des Sittlichschönen. Wien 1886. *G. Geil,* Schillers Ethik und ihr Verhältnis zur Kantischen. Leipzig 1888. *K. Gneiße,* Ein Beitrag zu Schillers Theorie der Tragödie (Programm des Gymnasiums zu Weißenburg 1889). *K. Fischer,* Schiller als Komiker. Heidelberg. *W. Beste,* Goethes und Schillers Religion. Gotha 1873. */. Friedrich,* Der Glaube Goethes und Schillers. Halle 1891. *J. Goldschmidt,* Schillers Weltanschauung und die Bibel. Berlin 1888. *F. Überweg,* Schiller als Historiker und Philosoph. Leipzig 1884. */. Janssen,* Schiller als Historiker. 2. Aufl. Freiburg 1879. *0. Loren*,* Zum Gedächtnis von Schillers historischem Lehramt in Jena. Berlin 1889. *L. Hirzel,* Schillers Beziehung zum Altertum. Aarau 1872. *K Rieger,* Schillers Verhältnis zur französischen Revolution. Wien 1885. *A. Buhe,* Schillers Einfluß auf die Entwickelung des deutschen Nationalgefühls. Leipzig 1889. *G. Portig,* Schiller in seinem Verhältnis zur Freundschaft und Liebe sowie in seinem inneren Verhältnis zu Goethe. Hamburg 1894. *L. Rudolf* und *K. Goldbeck,* Schiller-Lexikon. 2 Bde. Berlin 1869. *Zille,* Schillerhalle. Leipzig 1870. Schillerhalle, eine systematisch geordnete Blumenlese aus Schillers Werken. 2. Aufl. Bielefeld 1883. *A. Wechsler,* Lichtstrahlen aus Schillers Werken. Leipzig 1890. *A. Bliedner,* Schiller - Lesebuch. Dresden 1883.

4. Erläuterungsschriften und Schulausgaben.

Erklärungen deutscher Dichtungen von *ö. Gude; Lüben* und *Nacke; Götzinger; B.* und *W. Dietlein, Eberhardt, Frick, Gaudig* und *Polack; Düntzer; Bürgel* und *Wimmers; Leimbach; Kriebitzsch; Kuenen* und *Evers* und andere.
Schulausgaben von *Schäfer* und andere (Cotta); *Wychgram* (Velhagen & Klasing); *Holdermann* und *Sevin* (Reuther); *Bornhak* (Teubner); *Funke* und *Heskamp* (Schöningh); *J. Neubauer* (Gräser in Wien); *Naumann* und *Rückert* (Siegismund & Volkening); *Aug. Brunner* (Buchner in Bamberg); Hölder in Wien; Stephanus in Trier.

A. Schillers Gedichte.

W. Tobien, Erklärungen ausgewählter Gedichte von Schiller. Elberfeld 1872. *K. Hartert,* Schillers Gedichte in Auswahl, 3. Aufl. von *A. Dieterich.* Cassel 1891. *Haselmayer,* Schillers ausgewählte Gedichte erläutert. Würzburg 1882. *Putsche,* Leipzig 1884. *Viehhoff,* 6. Aufl. Stuttgart 1887. *Düntzer,* 3, Aufl. 1888—91. *V. Uellner,* Berlin 1893. *Ambros Mayr,* Wien 1886.
K. Lange, Schillers philosophische Gedichte. Berlin 1887. *Philippi,* Schillers lyrische Gedan-

kendichtung. Augsburg 1888. *S. Neide*, W. v. Humboldt als Richter und Ratgeber bei Schillers lyrischen Gedichten (Programm des Gymnasiums zu Landsberg a. W. 1890 u. 1891). *E. J. Saupe*, Goethes und Schillers Balladen und Romanzen erläutert. Leipzig 1853. *Grube*, Goethes Elfenballaden und Schillers Ritterromanzen. Iserlohn 1864. *G. Kettner*, Kritisch-Exegetisches zu Schiller und Goethe (Jahrbücher für Philologie und Pädagogik, 2. Abt., 1891, S. 566 ff., 606 ff).
Die Künstler: *J. Imelmann*, Berlin 1875. *A. Gloß*, Stuttgart 1889. *E. Große*, Berlin 1890. *R. Juritsch* (Festschrift des Realgymnasiums am Zwinger in Breslau).
Das Ideal und das Leben: *E. Große*, Berlin 1886.
Das Lied von der Glocke: *Günther*, Elberfeld 1853. *W. Wiedasch*, Hannover 1859. *Hörling*, Gedankeninhalt in Schillers Lied von der Glocke. Paderborn 1873. *L. Mohr*, Straßburg 1877. /. *G. Zeglin*, Meditationen über Schillers Lied von der Glocke. Schmiedeberg 1885. *P. Uellner*, Das Lied von der Glocke technisch erläutert u. s. w. Düsseldorf 1891. *Evers*, Leipzig 1893. *J. Steiger*, Schillers Lied von der Glocke. Für mittlere und höhere Schulen bearbeitet. Bern 1894.
Die Xenien: *E, Boas*, Schiller und Goethe im Xenienkampf. 2 Teile. Stuttgart 1851. *Saupe*, Die Schiller-Goetheschen Xenien erläutert. Leipzig 1852. *W. von Maltzahn*, Schillers und Goethes Xenienmanuskript. Berlin 1856. *E. Schmidt* und *B. Suphan*, Xenien 1796. Weimar 1893.

B. Schillers Dramen.

W. Fielitz, Studien zu Schillers Dramen. Leipzig 1876. *L. Bellermann*, Schillers Dramen. I.Teil. Berlin 1888; 2. Teil. Berlin 1891. *0. Frick* und

H. Gaudig, Wegweiser durch Schillers Dramen. Gera u. Leipzig 1894. *H. Unbescheid,* Beitrag z. Behandl. d. dramat. Lektüre. Mit einer Tafel zu Schillers Dramen. 2. Aufl. Berlin 1891.
Die Räuber: *Düntzer. Frick. Neubauer.*
Fiesko: *L. Eckhardt,* Jena 1857.*Dünzer.Frick.*
Kabale und Liebe: *Düntzer. Frick.*
Don Carlos: *J. G. Rönnefahrt,* Schillers dramat. Gedicht Don Carlos etc. München 1865. *W. Maurenbrecher,* 2. Aufl. Berlin 1876. *Düntzer,* 2. Aufl. 1886. *Frick; F. Rückert; Franz; Deiter,* Hannover 1887. *E. Müller,* Otways, Schillers und St. Reals Don Carlos. Tübingen 1888. *E. Elster,* Zur Entstehungsgeschichte des Don Carlos. Halle 1889.
Wallenstein: *E. 1h.Bratraneck,* Goethes Egmont und Schillers "Wallenstein. Stuttgart 1862. *Rothert,* Die Entwickelung in Schillers Wallenstein (Programm der Realschule in Düsseldorf 1870). *C. Semler,* Wallensteins Lager. Leipzig 1879. *Rönnefahrt,* Schillers Wallenstein erklärt. 2. Aufl. Leipzig 1886. *K. Werder,* Vorlesungen über Schillers Wallenstein. Berlin 1889. *Kern,* Wallensteins Tod. Gotha 1887. *K. Tomaschek,* Schillers Wallenstein. 2. Aufl. Wien 1886. *Kühnemann,* Die Kantischen Studien Schillers und die Komposition des Wallenstein. Marburg 1889. *A. Gädeke,* Die Ergebnisse der neueren Wallensteinforschung (Histor. Taschenbuch von *Raumer* 1889). *H. Beckhaus,* Zu Schillers Wallenstein (Programm des Gymnasiums zu Ostrowo 1892). *Schäfer,* 1873. *Pölzl,* 3. Aufl. Wien 1888. *M. Miller. Evers,* Leipzig 1890. *Düntzer,* 5. Aufl. Leipzig 1890. *Funke,* 2, Aufl. 1891. *Michaelis. Frick.*
Maria Stuart: *F. E. Häußer,* Maria Stuart, dramaturgische Tafel. Mannheim 1878. *A. Gädeke,* Maria Stuart. Heidelberg 1879. *Oeerling,* Maria Stuart, Erzählung. Köln 1884. *Pölzl,* 2. Aufl.

Wien 1888. *E. Müller*, 3. Aufl. Wien 1888. *Sevin*, 1889. *Düntzer*, 4. Aufl. 1892. *Heskamp*, 3. Aufl. 1892. *K Fischer. Rauch. Kuenen. Gaudig.*
Die Jungfrau von Orleans: *Rönnefahrt*, Schillers Jungfrau von Orleans aus ihrem Inhalt erklärt. Leipzig 1859. *Rümpler*, Bemerkungen zu Schillers Jungfrau von Orleans. Plauen 1872. *F. Kummer*, Die Jungfrau von Orleans in der Dichtung. Wien 1874. *Geerling*, Die Jungfrau von Orleans, Erzählung. Köln 1884. *G. F. Eysell*, Schillers Jungfrau von Orleans neu erklärt. Hannover 1886. *K. Breitsprecher*, Johanna d'Arc und der schwarze Ritter. Breslau 1888. *F. Ullsperger*, Der schwarze Ritter in Schillers Jungfrau von Orleans. Prag 1890. *H. Beckhaus*, Zu Schillers Jungfrau von Orleans (Programm des Gymnasiums zu Ostrowo 1890). *R. Mahrenholtz*, Jeanne d'Arc in Geschichte, Legende, Dichtung. Leipzig 1890. *Naumann*, Leipzig 1875. *Düntzer*, 3. Aufl. Leipzig 1884. *Kny*, Wien 1884. *Kuenen*, 2. Aufl. Leipzig 1888. Pölzl, 2. Aufl. Wien 1888. *Engelen. Wychgram. Holdermann. Gaudig. Stoffel.*
Die Braut von Messina: *Brosin*, Schillers Braut von Messina vor dem Richterstuhl der Kritik. Liegnitz 1872. *B. Gerlinger*, Die griechischen Elemente in Schillers Braut von Messina. 3. Aufl. Regensburg. *A. Buttmann*, Die Schicksalsidee in der Braut von Messina etc. Berlin 1882. *Arnoldt*, Über Schillers Auffassung und Verwertung des antiken Chors in der Braut von Messina (Programm des Gymnasiums zu Königsberg 1883). *W. Wittich*, Über Sophokles' König Ödipus und Schillers Braut von Messina. Leipzig 1887. *M. Kraft*, Cassel 1881. *J. Trötscher*, Wien 1886. *Pölzl*, 2. Aufl. Wien 1888. *Heskamp*, 2. Aufl. 1892. *Düntzer*, 3. Aufl. 1889. *Treutler. Franz. Baumann. Gaudig*

Wilhelm Tell: *Rönnefahrt,* Goethes Faust und Schillers Wilhelm Tell nach ihrer weltgeschichtlichen Bedeutung etc. Leipzig 1855. *J. Meyer,* Schillers Wilhelm Tell auf seine Quellen zurückgeführt. Nürnberg 1876. *Rocholz,* Tell und Geßler in Sage und Geschichte. Heilbronn 1877. *F. E. Häußer,* Schillers Wilhelm Tell. Dramaturg. Tafel. Mannheim 1878. *Naumann,* Leipzig 1876. *A. Florin,* Die unterrichtliche Behandlung von Schillers Wilhelm Tell. Davos 1891. *E. Weber, 2.* Aufl. 1878. *Kallsen,* 1884. *Prosch, 2.* Aufl. Wien 1887. *Pölzl, 2.* Aufl. Wien 1888. *Sevin,* 2. Aufl. Berlin 1889. *Kuenen,* 3. Aufl. Leipzig 1889. *Böhme,* Berlin 1891. *Funke,* 5. Aufl. 1891. *Düntzer, 5.* Aufl. 1892. *Gaudig. Leineweber. Thorbecke. Stoffel. Krallinger.*
Demetrius: *Düntzer,* Leipzig 1886. *Gaudig. Löschhorn. Stein,* Schillers Demetriusfragment. Mühlhausen 1891.

C. Prosaische Schriften und Briefwechsel.

Briefe über die ästhetische Erziehung des Menschen: *A. Jung,* Leipzig 1875.
Über naive und sentimentalische Dichtung: *Egger* und R*ieger, 2.* Aufl. Wien 1887. *Tumlirz, 2.* Aufl. Wien 1888. *Violet.*
Kleinere philosophische Aufsätze: *Imelmann. Baldi* {Ausgewählte Abhandlungen und Reden. Bamberg 1894).
Schillers Briefe: Kritische Gesamtausgabe. Herausgegeben von *F. Jonas.* Stuttgart 1892.
Briefwechsel mit Körner. Herausgegeben von *Goedeke. 2.* Aufl. Leipzig 1877. *Marggraff,* Schillers und Körners Freundschaftsbund. Leipzig 1859. Briefwechsel mit dem Herzog Fr. Christian von Schleswig-Holstein-Augustenburg. Herausgegeben von *F. M. Müller.* Berlin

1875. Von *Michelsen,* Berlin 1876. Briefwechsel zwischen Schiller und W. von Humboldt. 2. Ausgabe. Stuttgart 1876. Briefwechsel zwischen Schiller und Goethe. 4. Aufl. 2 Bde. Stuttgart 1881. Derselbe, herausgegeben von *Boxberger,* (Kollektion Spemann). *G. Hesse,* Zum Goethe-Schillerschen Briefwechsel. Dresden 188.6. Vgl. auch *Portigs* oben angeführtes Werk, das namentlich den Schillerschen Briefwechsel verwertet.

Editorische Notiz:

Der Text der vorliegenden Edition folgt der Ausgabe: Arno Bliedner: Schiller. Eine pädagogische Studie. Pädagogisches Magazin, Heft 78. Langensalza: Verlag von Hermann Beyer & Söhne, 1896.

Die Orthographie wurde behutsam modernisiert, der originale Lautstand und grammatikalische Eigenheiten bleiben gewahrt. Die Interpunktion folgt der Druckvorlage.

Bisher ebenfalls im SEVERUS Verlag erschienen:

Andreas-Salomé, Lou Rainer Maria Rilke * **Arenz, Karl** Die Entdeckungsreisen in Nord- und Mittelafrika von Richardson, Overweg, Barth und Vogel * **Aretz, Gertrude (Hrsg)** Napoleon I - Briefe an Frauen * **Ashburn, P.M** The ranks of death. A Medical History of the Conquest of America * **Avenarius, Richard** Kritik der reinen Erfahrung * **Bernstorff, Graf Johann Heinrich** Erinnerungen und Briefe * **Binder, Julius** Grundlegung zur Rechtsphilosophie. Mit einem Extratext zur Rechtsphilosophie Hegels * **Bliedner, Arno** Schiller. Eine pädagogische Studie * **Braun, Lily** Lebenssucher * **Braun, Ferdinand** Drahtlose Telegraphie durch Wasser und Luft * **Burkamp, Wilhelm** Wirklichkeit und Sinn. Die objektive Gewordenheit des Sinns in der sinnfreien Wirklichkeit * **Caemmerer, Rudolf Karl Fritz** Die Entwicklung der strategischen Wissenschaft im 19. Jahrhundert * **Cronau, Rudolf** Drei Jahrhunderte deutschen Lebens in Amerika. Eine Geschichte der Deutschen in den Vereinigten Staaten * **Cushing, Harvey** The life of Sir William Osler, Volume 1 * The life of Sir William Osler, Volume 2 * **Eckstein, Friedrich** Alte, unnennbare Tage. Erinnerungen aus siebzig Lehr- und Wanderjahren * **Eiselsberg, Anton Freiherr von** Lebensweg eines Chirurgen. * **Elsenhans, Theodor** Fries und Kant. Ein Beitrag zur Geschichte und zur systematischen Grundlegung der Erkenntnistheorie. * **Ferenczi, Sandor** Hysterie und Pathoneurosen * **Fourier, Jean Baptiste Joseph Baron** Die Auflösung der bestimmten Gleichungen * **Frimmel, Theodor von** Beethoven Studien I. Beethovens äußere Erscheinung * Beethoven Studien II. Bausteine zu einer Lebensgeschichte des Meisters * **Fülleborn, Friedrich** Über eine medizinische Studienreise nach Panama, Westindien und den Vereinigten Staaten * **Goldstein, Eugen** Canalstrahlen * **Heller, August** Geschichte der Physik von Aristoteles bis auf die neueste Zeit. Bd. 1: Von Aristoteles bis Galilei * **Helmholtz, Hermann von** Reden und Vorträge, Bd. 1 * Reden und Vorträge, Bd. 2 * **Kalkoff, Paul** Ulrich von Hutten und die Reformation. Eine kritische Geschichte seiner wichtigsten Lebenszeit und der Entscheidungsjahre der Reformation (1517 - 1523) * **Kerschensteiner, Georg** Theorie der Bildung * **Külz, Ludwig** Tropenarzt im afrikanischen Busch * **Leimbach, Karl Alexander** Untersuchungen über die verschiedenen Moralsysteme * **Liliencron, Rochus von/Müllenhoff, Karl** Zur Runenlehre. Zwei Abhandlungen * **Mach, Ernst** Die Principien der Wärmelehre * **Mausbach, Joseph** Die Ethik des heiligen Augustinus. Erster Band: Die sittliche Ordnung und ihre Grundlagen * **Müller, Conrad** Alexander von Humboldt und das Preußische Königshaus. Briefe aus den Jahren 1835-1857 * **Oettingen, Arthur von** Die Schule der Physik * **Peters, Carl** Die deutsche Emin-Pascha-Expedition * **Poetter, Friedrich Christoph** Logik * **Popken, Minna** Im Kampf um die Welt des Lichts. Lebenserinnerungen und Bekenntnisse einer Ärztin * **Rank, Otto** Psychoanalytische Beiträge zur Mythenforschung. Gesammelte Studien aus den Jahren 1912 bis 1914. * **Rubinstein, Susanna** Ein individualistischer Pessimist: Beitrag zur Würdigung Philipp Mainländers * Eine Trias von Willensmetaphysikern: Populär-philosophische Essays * **Scheidemann, Philipp** Memoiren eines Sozialdemokraten, Erster Band * Memoiren eines Sozialdemokraten, Zweiter Band * **Schweitzer, Christoph** Reise nach Java und Ceylon (1675-1682). Reisebeschreibungen von deutschen Beamten und Kriegsleuten im Dienst der niederländischen West- und Ostindischen Kompagnien 1602 - 1797. * **Stein, Heinrich von** Giordano Bruno. Gedanken über seine Lehre und sein Leben * **Thiersch, Hermann** Ludwig I von Bayern und die Georgia Augusta * **Tyndall, John** Die Wärme betrachtet als eine Art der Bewegung, Bd. 1 * Die Wärme betrachtet als eine Art der Bewegung, Bd. 2 * **Wernher, Adolf** Die Bestattung der Toten in Bezug auf Hygiene, geschichtliche Entwicklung und gesetzliche Bestimmungen * **Weygandt, Wilhelm** Abnorme Charaktere in der dramatischen Literatur. Shakespeare - Goethe - Ibsen - Gerhart Hauptmann * **Wlassak, Moriz** Zum römischen Provinzialprozeß

www.severus-verlag.de

www.ingramcontent.com/pod-product-compliance
Lightning Source LLC
Chambersburg PA
CBHW070946230426
43666CB00011B/2583